长三角教育科研丛书

温暖的教学

汤林春　吴宇玉◎主编

U0362501

华东师范大学出版社

·上海·

图书在版编目(CIP)数据

温暖的教学/汤林春,吴宇玉主编. —上海:华东师范大学
出版社,2023
(长三角教育科研丛书)
ISBN 978 - 7 - 5760 - 3676 - 3

Ⅰ.①温…　Ⅱ.①汤…②吴…　Ⅲ.①教育工作-文集
Ⅳ.①G4 - 53

中国国家版本馆 CIP 数据核字(2023)第 026984 号

长三角教育科研丛书
温暖的教学

主　　编　汤林春　吴宇玉
策划编辑　彭呈军
责任编辑　白锋宇
责任校对　张　筝　时东明
装帧设计　卢晓红

出版发行　华东师范大学出版社
社　　址　上海市中山北路 3663 号　邮编 200062
网　　址　www.ecnupress.com.cn
电　　话　021 - 60821666　行政传真 021 - 62572105
客服电话　021 - 62865537　门市(邮购)电话 021 - 62869887
地　　址　上海市中山北路 3663 号华东师范大学校内先锋路口
网　　店　http://hdsdcbs.tmall.com

印 刷 者　杭州名典古籍印务有限公司
开　　本　787 毫米×1092 毫米　1/16
印　　张　14
字　　数　189 千字
版　　次　2023 年 1 月第 1 版
印　　次　2024 年 5 月第 4 次
书　　号　ISBN 978 - 7 - 5760 - 3676 - 3
定　　价　48.00 元

出 版 人　王　焰

(如发现本版图书有印订质量问题,请寄回本社客服中心调换或电话 021 - 62865537 联系)

"黄浦杯"征文组委会

主　任

徐士强　郭金华

副主任

俞晓东　刘大伟　奚晓晶

委　员（以姓氏音序排列）

陈　杰　陈素平　陈玉华　丁　杰　丁　馨　丁永章　方　华　方建新

冯　吉　高兴邦　何永红　季　恒　季晓军　江　平　李　宾　李　沙

李惠新　刘俊利　卢廷顺　马　骏　马群仁　沈忠峰　谭庆仁　汤林春

唐春萍　王　俊　王俊山　王丽琴　吴宇玉　夏心军　肖连奇　谢英香

杨姣平　叶鑫军　俞冬伟　张肇丰　张竹林　赵凌云　赵新鸿　周　梅

周　明　周逸君　朱军一　朱连云

本书编委会

主　编

汤林春　吴宇玉

编　委（以姓氏音序排列）

汤林春　吴宇玉　徐士强　张提舒可　张肇丰　周　明

目录

前言

　　每到一年一度的长三角城市群教育科研共同体"黄浦杯"征文活动时期，《上海教育科研》杂志的几位编辑与几位理事长总要绞尽脑汁地想主题，今年也不例外。经过前期酝酿，我们基本明确了聚焦于教学这个方向，但对具体的命题还是拿不准。于是特意征求了一些专家、学者、校长的意见，他们根据长三角"黄浦杯"征文活动的特点、教育改革趋势及当前教育实践中的问题，提了几个方案，但一直没有形成共识。后来有位专家提出，最好要针对当前教学中存在的问题，比如：由于过于强调应试，教学异化为知识传授、机械操练，使得教学枯燥乏味，弄得学生厌倦学习，可以围绕这个问题设计一个题目。于是，便有了"温暖的教学"这一题目。仔细想来，确有几分道理。

　　教学是学校的中心工作，是提高教育质量的主阵地，也是落实改革要求、实现改革意图的关键环节。普通高中教育和义务教育新课程方案与课程标准的颁布，明确了"有理想、有本领、有担当"的培养目标，确定了核心素养的育人导向。相应地，就必须形成培育素养的教学。所谓培育素养的教学，就是指将知识与能力、过程与方法、情感态度价值观全面融合在教学过程中，从而培育学生的正确价值观、必备品格与关键能力。但在现实中，有些课堂教学往往重视知识轻视能力，重视智力因素轻视非智力因素，重视"双基"轻视素养，死抓碎片化知识与浅层次能力，强行灌输和机械训练。这种忽视学生学习规律、知识发生规律及教学本质的做法，导致学生成为知识的容器，教学成为枯燥的活动，某些课堂冰冷无趣，部分学生视学习为畏途,既不利于教育质量的提升,也阻碍了教育改革意图的实现。

为此,亟须通过"温暖的教学",让"人"回归教学中心,凸显教学的育人价值,体现教学过程的人文关怀,彰显教学的艺术魅力,让教学成为师生幸福成长的历程,让课堂成为师生素养生成的场域。具体而言,"温暖的教学"体现在以下几方面。

首先,在处理好智力因素与非智力因素关系的基础上,要侧重学科素养中的学科思想价值,培育学生情感、态度、价值观、社会性等非智力因素,凸显学科育人功能。知识与能力、过程与方法、情感态度价值观是不可分割的整体,只是在实践中,部分课堂教学强调了知识与能力,忽视了后者,把知识与能力本身当作唯一目的,忽视了知识与能力的教学最终是为了人的培养这一教学本质。事实上,课程知识包含符号性知识、逻辑性知识和价值性知识,学生学到的知识有事实性知识、过程性知识与价值性知识。就课程知识而言,一般老师重视符号性知识的传授,越来越多的老师重视逻辑性知识的达成,较少老师重视价值性知识的培育。就学生获得的知识而言,主要是事实性知识,而过程性知识与价值性知识相对较少。由此,亟须将人回归教学中心,把知识与能力、过程与方法、情感态度价值观作为一个整体,把忽视的部分重视起来,真正体现教学的育人价值。因此,"温暖的教学"必然是基于人、为了人的整体教学。

其次,在处理好教与学、科学与艺术等关系的基础上,要侧重教育教学过程中学习主体激发、参与互动凸显、组织形式多样等方面,营造积极主动的教学氛围。课堂教学本质上是师生互动的社会性活动,教师是教的主导,学生是学的主体,教师的教是为了学生的学,且教学质量最终是以学生学的质量来衡量的。因此,需要把课堂教学看作社会性活动,鼓励质疑、平等对话、容错扬长的课堂互动。要培养学生成人,就要把学生当人看。而人是社会关系的总和。学生的学习不仅是学习学科的基本知识与基本技能,还要通过基本知识、基本技能,领悟学科的思想价值与精神实质,从而使学科成为生命成长的滋养。也正因为这样,有人认为不能只是看到学生的学习,而要看到学生的学习生活。其意思是要关注学生的学习态度、参与程度及其学习满意度。如果说基本知识可以通过讲授方法取得,基本技能则要通过实践获得,价值知识则要通过体验获得。由此,传统的结构化、系统化的知识学习仍然需要,而基于学科的学科实践及跨学科实践,开展研究型、项目化、合作式学习,则显得十分紧缺而必要。通过激发学生主体性,创设理解、尊重、包容、支持、欣赏、积极的课堂氛围,让学生在平等互动、参与实践中获得真切的体验,领悟知识的价值,感悟人生的真谛,这是教学育人的重要要求。因此,"温暖的教学"必然是彰显教学过程主体性、实践性、社会性与人文性的教学。

最后,在处理好外控与内生关系的基础上,侧重管理育人,激发学生的内生动力,营造有利于学生健康成长的教学环境。在课堂教学各环节、课堂内外,与教学有关的规章制度、运作机制,是客观存在的,是教学有效运作的必要保障。学生也可以在参与和践行的过程中学习社会生存的法则,养成道德品质。教学管理与学生的学习生活质量关系密切,良好的管理可以营造良好的学习环境,师生关系、生生关系,甚至学生与环境之间的关系就会和谐健康,就会使学生身心愉悦,充满活力,既能提高学习效率,也能提高师生幸福感。但如果只是把学生当作管理的客体、被管控的对象,那这种教学管理的和谐就会被打破,教学管理的教育性将大打折扣。由此,围绕培育时代新人的要求,需要创新课堂组织形式,变革课堂管理规则,优化考试评价制度,营造有利于学生身心健康成长的环境氛围。因此,"温暖的教学"的管理必然是激励人、服务人、培育人的管理。

在选题及征文方案初稿出来后,我们又征求了教育部基础教育教学改革指导委员会教学管理专委会的意见。毛杰主任委员及相关专家充分肯定了这一选题,并随即向教育部基础教育司相关领导汇报,认为它符合当前课程教学改革的趋势,直指教学实践中的痛点,有利于引导教学改革,表示支持。一部分委员还特意组织了本地区人员参与征文,因此本次征文出现了一个特别情况,那就是除了常规的长三角城市参加外,还有来自湖北、新疆的同行参加,浙江除了科研系统参加外,还有教研系统参加,呈现多元拓展趋势。

征文只是一种形式,目的在于为广大校长、老师和理论工作者提供一个平台,触摸时代脉搏,探讨教学实践问题,促进教育高质量发展。本书从这次一等奖作品中选取了 16 篇,分别从设计、教学、评价、管理等方面呈现了老师们的实践尝试与理论思考。尽管这些文章是本次征文中的佼佼者,但仍属一孔之见,欢迎读者批评指正。

汤林春

上海市教育科学研究院普通教育研究所

第一章

设计：捕捉孩子的思维

布卢姆的教育目标分类理论把认知领域的目标分为六个层次：识记、理解、运用、分析、综合、评价。一般我们把前三个层次称为低阶思维，把后三个层次称为高阶思维。长久以来，我们一些中小学的课堂教学往往偏重于低阶思维，而对高阶思维重视不够或培育不足。因此，关注和发展学生的高阶思维，就成为近年来教学改革的一个方向和重点。各种教学设计及研究成果，包括情境设计、提问设计、单元设计和项目设计等，都从不同角度提供了新的思路和做法。

　　本章的四篇文章都体现了作者对学生思维发展的关注，各人的教学设计反映了对不同学科的课程教材、教学方法和教学组织形式等方面的理解思考及改进尝试。如《"蓝天白云下"的数学课》创设了"游园课程"，把数学课堂从室内搬到了户外，开展真实环境中的探究活动。《斑斓煦物成天地》把物理课堂从地面搬到了"空中"，介绍了线上线下混合教学的思路和经验。除了课程设置的重构，更多的教改尝试体现了常规课堂教学中的创意设计。"自由写作"，打开了作文教学的新天地；"雪花曲线"，让"理性"的数学呈现出"感性"之美。贯穿在这四篇文章中的理念和线索，是优秀教师对"有温度"的教学的思考，有趣味，有体验，有尝试，有交流，从而促成了学生高阶思维的发展。

1. "蓝天白云下"的数学课

　　课程改革已进入素养时代，核心素养不仅成为课程目标的核心支撑，还展现出一种更新的课程观念。新世纪初启动的第八次课程改革强调"个性化、选择性、参与性"导向，客观上要求整合并拓展现行课程，在内容上增加选择性，在教学上强调参与性，在评价上注重个性化，引发我们对现行课程的审视与思考。

一、审视与设想

　　小学低年级学生往往具有注意力不易集中、意志力比较薄弱、喜欢凭兴趣去认识事物的特点，但是现今小学数学课程及教学，特别是一、二年级的数学课程与课堂，其内容与方式都不太适应学生的特点。传统的数学课程和教学偏重于传递概念化、符号化、抽象化的知识，忽视了知识所蕴含的精神力量与文化使命,不能有效地引导学生理解知识背后丰富的意义世界。具体表现在 4 个方面:第一,学习内容简单。小学低年级数学课堂的学习任务简单,挑战性不强。第二,学习情境封闭。一、二年级的数学教学通常借助多媒体等设备营造一种封闭、静态的学习情境,学生缺少真实的活动经历。第三,学习方式单一。以听、说、算、写为主的静态学习,对于小学低年级学生而言,显得严谨有余而活泼不足,与儿童好动、好玩、好奇、好问的天性相悖。第四,课程设置未被严格执行。低年级学生在数学科目上的周课时是 4+1,其中 1 节是数学活动课。一个学期约有 15 节活动课,但由于没有配置专门的活动课程,数学活动课常被挪用为数学课,与国家课程设置的初衷相悖。

如何设计和开发适合低年级学生的数学活动课,使其既能响应义务教育新一轮课程改革提出的"个性化、选择性、参与性"的导向,又能保护低年级学生好动、好玩、好奇、好问的天性,使其不再枯燥地学习数学,过早地害怕数学?受具身认知理论的启示,我们设计与开发了针对低年级学生的"游园课程"。游园课程不是简单地替换或重组,而是有机地整合与拓展。我们对游园课程的谱系、框架、内容、活动设计等做了设想与论证。

(一) 课程谱系

游园课程从两个维度实现它的教育价值:其一,从课堂学习情境到现实应用情境,功能和物理的高逼真度,改变学生投入学习的深度;其二,从课堂学习任务到真实解决问题,改变学生应用数学的高度。如图 1 所示,根据这两个维度,我们设计的游园课程主要有三类:游园课程 1 侧重在现实应用情境中解决课堂学习任务;游园课程 2 侧重在课堂学习情境中解决真实问题;游园课程 3 是游园活动的最高层次,在现实应用情境中解决真实问题。

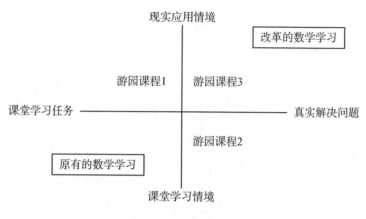

图 1　游园课程谱系

（二）课程框架

根据课程谱系的维度,我们明晰了游园课程的基本定位。

1. 课程性质

游园课程是适用于小学一、二年级数学教学的活动性课程。在不增加课时的前提下,以发展个性、激活潜能为目标,通过实施系列化的游园课程帮助学生获得数学活动体验,激发学生的数学学习兴趣。

2. 课程目标

让学生在解决问题或体验活动过程中掌握方法,形成能力,培养学生的情感态度价值观;突出过程性和体验性,让学生积累活动经验和数学思想,努力实现从学科本位到育人为本的转型。

3. 课程内容

对现行教材进行活动式整合与拓展,增强创新性、情境性和实效性。

4. 课程实施

每周 4+1,4 是常规课,1 是游园课,总课时没有增减,以"游园"方式带领学生在逼真的情境中解决真实问题。

5. 课程评价

注重发展性目标,关注过程性评价,特别注重学生的参与性与个性发展等。

(三) 课程内容

根据课程定位和设想,我们精选数学教材中几处基本内容,设计成 46 个园,包括一年级上册 10 个园,一年级下册、二年级上册和下册各 12 个园。表 1 是游园课程的内容节选。

表 1　数学游园课程的目标和内容(举例)

游园	教材内容	目标达成	类别	问题探究及实践操作	学习活动建议	情境方式
时间园	(一年级)钟表的认识	1. 钟面的认识; 2. 整时的认识; 3. 培养正确的时间观念	体验式游园活动	1. 你会制作钟面吗	建议学生动手制作钟面,在制作过程中认识钟面	在课堂教学情境中完成钟面的制作
				2. 表示出一个最特别的时间	建议学生通过拨钟等活动,能准确进行两种方式的表示	
				3. 制作一张简单的作息时间表	通过制作简单的作息时间表,培养时间观念	在现实应用情境中解决问题
购物园	(二年级)人民币的认识	1. 元角分的认识; 2. 能进行	问题式游园活动	1. 人民币的面额上有哪些秘密	通过观察、触摸、比较,认识人民币的面值、图案、防伪标志等	在课堂教学情境中认识人民币

（续　表）

游园	教材内容	目标达成	类别	问题探究及实践操作	学习活动建议	情境方式
		简单的人民币换算和计算; 3. 培养正确的消费观念		2. 你能独立完成一次购物吗	建议开展模拟超市活动,让学生经历一次独立购物活动,进行人民币的简单换算和计算	在现实应用情境中进行买卖活动
				3. 制作一张本周家里的购物清单	通过制作购物清单,让学生学习合理理财、节约开支	在现实应用情境中解决真实问题

（四）活动设计

依据学习目标,游园活动可分为两种:一种是基于具身体验的游园活动,一种是基于现实问题解决的游园活动。为契合低年级学生好动、好玩、好奇、好问的特性,我们设计的游园活动具有具身性、趣味性、思维性三者合一的特点。在此基础上,我们提出了活动设计"四要素"(见图 2)。

情境:与常规的数学课不同,游园课程的设计和实施具有一定的情境性。情境设置可以是问题式的,也可以是任务式、游戏式、故事式的。

程序:首先是运动程序,游园活动会包括几个相关联或无关联的活动,这些活动均体现了从易到难的过程;其次是思维程序,游园活动的思维程序遵循"活动—

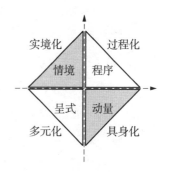

图 2　游园课程活动设计"四要素"

情境—问题—思考"的过程,突出游园课程的活动性与思考性。

呈式:游园活动的呈现样态可描述为活动的、数学的、趣味的、简约的、变通的、难忘的、改进的。其中,"趣味的"有两层含义:一是选择的内容和形式有趣味;二是思维运动带来的挑战和趣味。游园课程关注的是情感态度价值观的形成,是过程性和拓展性的目标。

动量:对低年级的学生而言,最直接的趣味往往来自身体的运动,游园课程以活动为主,引导学生在活动中掌握知识。

二、实施与策略

在国家课程的基本框架下,在不增加课时的前提下,我们对小学数学课程进行基于"活动"的开发,研发了小学低年级数学游园课程,补充数学活动,帮助学生积累和丰富基本活动经验,致力实现新课程标准倡导的"发展个性,提升综合素养"的育人目标。从单薄到丰满,我们的开发和设计过程经历了三个阶段。

阶段1:具身性,改变数学学习"静多动少"的问题

这一阶段,我们不排斥以"知识习得"为目标的静态课堂,但主张增加以"活动体验"为目标的"活动课程"。在课程内容上,增加数学游园课程内容的生活性和实践性,与购物、测量、制作钟面等生活实践结合,增加学生的亲身体验和活动经验,使他们顺利习得源于生活的鲜活知识。在课程形式上,无缝对接幼小教育,契合低年级学生爱玩好动的特点,激发学生的数学学习兴趣。游园课程着力改变小学低年级数学偏重文本的现象,努力实现数学内容活动化、游戏化、趣味化,尽可能让学生动起来。

比如,二年级上册的"挑战园"中,学生开展小组合作,通过搭建长方体的系列活动来进一步感知长方体的特征。其中,通过搭建表面最大或最小的长方体来感

知重合面的大小与长方体表面大小的关系,把思维与具身活动有机地融合在一起,真正实现玩中学、学中玩。

阶段 2:实境性,突破数学学习情境"单一封闭"的问题

这个阶段,我们不再满足于让学生"动起来"的游园课程,更想实施以真实应用情境和现实问题解决为导向的"活动"课程,适当减弱学生的心理逼真度,加强功能逼真度和物理逼真度,鼓励学生在真实情境中解决现实问题。我们遵循"实境化"原则,把学生置于现实的情境中,并让学生成为该情境的主人,让学生自己去分析问题,学习解决该问题所需要的知识,进而一步一步地解决问题,促使学生在复杂多元的现实应用中学习数学,提高综合素养。在第一阶段的基础上,这一阶段我们做了两个方面的改变。

其一,开放学习空间。我们尽可能让游园课程在蓝天白云之下开展,打造空间更加开放的纯自然课堂。比如,二年级上册的"测量园"中,让学生用多种方法来实地测量操场的跑道。学生们各显神通:有的几人合作,用软尺或绳子接力测量跑道的长度;有的先测量自己的一步是多少,再用步行来计算跑道的长度(见图3)。

图3 "测量园"活动

其二,真实的问题情境。比如,教授二年级学生认识人民币时,可以通过四个

层级来实施(见图4):人民币的认识、元角分的换算、模拟超市以及制定购物清单并完成购物。其中"人民币的认识"和"元角分的换算"可以在常规课堂里完成,而"模拟超市"和"制定购物清单并完成购物"则可以通过游园课程来实施。这样,保证了学生学习人民币这一内容的基本知识、基本技能、基本思想和基本活动经验的四基目标的完成。

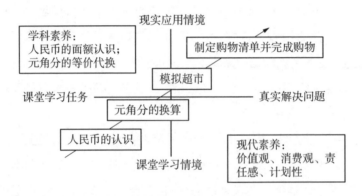

图4 "购物园"的层级设计

阶段3:迁移性,解决学习方式"浅表习得"的问题

第三阶段,我们试图打破传统数学学习中知识概念单一习得的"浅表学习"困境,尝试通过学习情境的真实性和复杂性,以及内容的趣味性、体验性和创新性,让学生将单一的知识概念联系起来并迁移至真实问题的解答中,促进深度学习与迁移学习,激发学生的学习潜能。游园课程作为传统数学课程的补充,不仅在内容上有延伸关系,而且在学习方式上有深入递进关系。在传统的数学课堂上,学生获得的单一的概念知识比较多,偶尔会把这些单一的概念知识联系起来,形成更立体、更多面的知识体。而游园课程基于问题解决或活动体验的实境学习,帮助学生将策略或方法用于理解不同的问题或情境关系中,同时确定如何去解决问题,体现了从获取到联系到迁移的层级发展路径(见图5)。

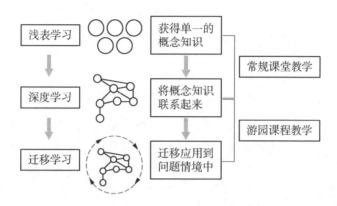

图5　ACT(获取—联系—迁移)心理模式分布图

　　比如,教授"100以内数的认识"时,在常规课堂中,学生建立的单一的概念是通过数数来感知50的大小,也通过数数或数物体,与其他的数产生联系,如49比50少1,5个十是50,等等。但现实任务是在0与100之间放上50,第一次,一个学生随意地把50放上去,靠近0的那一端,其他学生马上提出了反对的意见,并把50移至0与100的中间。这一过程看似简单,实则表明在现场,学生不仅理解了50是100的一半,也建立了0、50、100之间的联系,并且可迁移到数轴上,形成对其他区域间的数的关系的理解,如图6所示。

图6　学生在实境中调整50的位置

三、收获和反思

游园课程最显著的成效和影响发生在一、二年级的数学课堂上,发生在七八岁孩子的身上,分数不再是学习成绩高下的冰冷证明,学习活动已成为深度卷入情境的鉴赏过程。许多隐性成果无法用语言来表达,只能从以下数据中可窥一斑。

(一) 孩子的收获

1. 最真的数据

我们对参加"游园课程"课题实验的 320 名学生进行了问卷调查,以"喜欢""一般"和"不喜欢"三种态度作选项,让其对传统的数学课和游园课进行比较。调查结果显示:不管是城镇小朋友,还是农村小朋友,都非常喜欢这种别开生面的游园课(见表 2)。

表 2　两所小学一年级学生对数学学习兴趣的调查统计表

项目	随机调查人数	喜欢		一般		不喜欢	
		人数	百分比	人数	百分比	人数	百分比
游园教学	320	320	100%	0	0%	0	0%
常规教学	318	186	58.5%	74	23.3%	58	18.2%

从表中发现,学生更喜欢寓教于乐的数学游园课。游园课激发了学生对数学学习的兴趣,喜欢游园课的学生占比高达百分之一百。

2. 最直的表白

一年级的学生用两个词形容游园课:操场上、有趣。他们用最简单的词语对游园课进行了最本质的概括。这是学生最直白的感受,也是我们最大的动力。

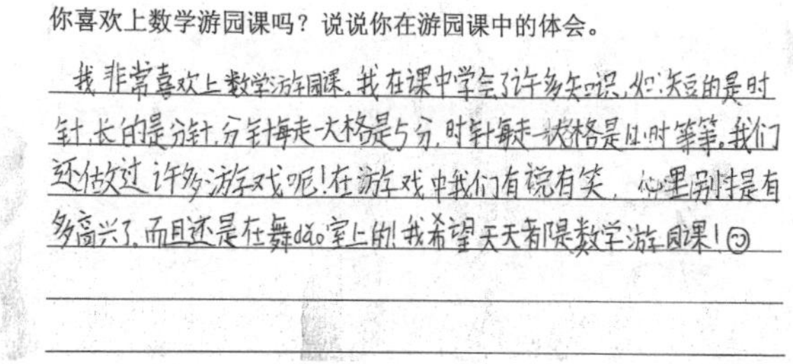

你喜欢上数学游园课吗? 说说你在游园课中的体会。

我非常喜欢上数学游园课,我在课中学会了许多知识,必:我记的是时针长的提分针,分针每走一大格是5分,时针每走一格是1时等等,我们还做过许多游戏呢!在游戏中我们有说有笑,心里别提有多高兴了,而且还是在舞蹈室上的,我希望天天都是数学游园课!☺

图 7   孩子的心声

3. 最美的笑容

数学游园课的收获是学生的笑脸,顺应并释放了孩子的天性,我们觉得这是本课题最大的成果之一,是传统数学课所缺失的。

(二) 教师的反思

从课程的设想到课程的实施,我们从懵懂到清晰,从清晰又到两难,一步一个脚印地相互扶持而来,五味杂陈,也收获颇丰。我们的成长不容置疑,其一是能用儿童的视角看问题,其二是能站在课程的高度看课堂教学。这种成长更多地体现为对游园课程的反思日趋深刻。

1. 游园课程基础性与拓展性"量"的融合

游园课程作为一种能够唤醒儿童天性的校本化活动课程,是小学数学课程的有机拓展。因此,在游园课程的开发中特别需要关注基础性与拓展性的高度融合。在课程内容的编排上,应设置适合学生的实物、实境、实动的游园活动,突出活动性、运动性和游乐性,同时要与学生的数学学习有机结合,而不是简单地为动而动。应动智共存,有效促进学生智力、体力、能力的多元发展。

2. 游园课程针对性与适切性"度"的把握

游园课程作为一种可复制、可推广的体验性活动课程,虽然强化了小学低年级数学课程目标的三维共进,提供了小学低年级数学学习方式的更多选择,呈现了对数学教学成果评价的新视角,丰富了教师的一手教学材料,但在应用中教师需要认识和理解游园课程的特征,更要了解低年级学生的心智特点。学生的户外学习活动需要有一个训练与适应的过程,不然,低年级学生只知动肢而忘动脑,导致教学活动低效。

3. 游园课程内容系统性与活动规范性"深"的思考

游园课程虽然也对教材内容进行了整合与拓展,但在衔接小学中高年级数学教学方面还缺乏系统思考。低年级学生爱玩好动、焦点注意时间较短,对此,活动的组织与调控方式需要进一步调整优化。根据《浙江省深化义务教育课程改革指导意见》,小学阶段没有知识拓展类课程,所以将游园课程定性为校本化创新课程或体验性活动课程,或许较为恰当。

在孩子进入小学的起始年级,为他们打造一场集数学基础、综合技能、趣味运动于一体的数学盛宴,即保护了这个年龄段孩子好动、好玩、好奇、好问的天性,又成功唤起其数学学习的兴趣,使他们不再枯燥地学习数学,过早地害怕数学。这就是我们想给予低年级孩子的温暖,而他们回馈给我们的温暖就是他们发自内心的开心笑容,或许还有他们由此萌生的一颗关于数学兴趣的种子。

参考文献

[1] 苏鸿.课程知识的实践意蕴与核心素养教育[J].课程・教材・教法,2017(5):52 - 58.

[2] 潘旭东,丁秀红.小学低年级数学"游园课程"的开发与实践[J].课程・教材・教法,2019(6):100 - 106.

［3］潘旭东.蓝天白云下的数学课——幼小衔接学科学习的新样态［J］.人民教育,2017(8):60－62.

丁秀红　浙江省舟山市普陀区沈家门小学　数学教师　教龄25年

2. 斑斓煦物成天地

突如其来的新冠肺炎疫情,对孩子的身心提出了挑战,也对教师教育教学活动能否及时适切地关照学生的心灵提出了挑战。我们在时刻牢记心中有"人"的同时,想方设法为学生营造更好的天地,尽一切可能去调整、去完善,最终呵护、助力、培育所有的学习参与者。在这一背景下,我们尝试开展线上教学暖化初中生物理学科学习体验的相关设计和实践,并不断反思改进。

一、暖场如热学般传递能量

由于有了 2020 年的网络教学经验,2022 年新一轮的在线授课就显得更加完善。以全市统一的空中课堂教学呈现作为授课典范,参与的名师们皆极为用心、精益求精,这可以在最大程度上确保听课学生的学习效果,也为我们一线教师提供了许许多多值得研习借鉴的珍贵示范和创新内容。那么,有什么是我们任课教师一开始要自行发挥主观能动性去加以解决并予以落实的呢？我想首先要做的是对学生进行"课前安抚"——学生平稳的情绪也许是最为重要的授课保障,希望通过我们的准备与实施使得学习者的迈步更具信心,面对难题时更有底气。那么如何让整个暖场过程更富暖意,从而便于后续教学活动的开展？物理学科中的热学知识成了我们的灵感来源,心理"温度"和情绪"状态"的变化能够通过"能量"的传递来实现——更多积极的能量可由我们注入,而那些消极的能量可任学生输出。

为尽力削弱线上教学伊始学生的不适感,我们再三思考实施过程中的操作要点,提出以下开场任务:请班级中愿意参加的同学自选一段众所周知的经典节奏,以仿照打击乐的表演方式共同合作。因为多位学生打开了自己的麦克风且发声物体不尽相同,所以我们通常无法分辨声音具体是哪位发出的,在很大程度上消除了学生的顾忌。这是线下教学时通常所难以做到的。历次加入者中有平时相对外向的孩子,也有不少以往表现比较内向的孩子。或同步或异步的击打引发的笑语和欢呼或许能宣泄他们的一些负面情绪。

尽管不同的学生有不同的视听喜好、学习特点及进入状态前的习惯,众口难调,但我们仍坚持尝试让学生在调试感官通道的过程中感知到一股主动输送的暖流,也愿这份用心成为为学生诚意定制的"开胃点心"。

二、设境如磁学般吸引孩子

暖化学习体验的实施对教师提出了更高的要求。教师需要转变理念,做好学生的引导与服务工作,设计一些与教学功效相得益彰的引入话题、议题等。不过,如果它们的探索背景脱离实际,则难以引发学习者足够的兴趣。有生活温度的真实问题,其"磁场"会对学生产生吸引,除此之外,那些带给人温暖力量且具有一定现实意义的情境又让探究充满了必要性，这样一来"排斥"也成了"吸引"。

我们利用带有暖意的学生集体生活趣味照片作为电子问卷的封面，提升学生的答题意愿，便于收集相关学情信息，以此作为后续交流互动的依据。问卷在输入链接地址、点击进入或扫码转入后均可直接提交，操作难度相对较低，无需登录等额外步骤，也不依赖特定终端设备，使得效率能够得到保证，节省了时间精力。另外，虽然每位学习者对于认知进程的偏好存在差异，但我们仍以创设"贴近学生生活而又值得费一番功夫加以研究并配以温暖细节的情境"为先。例如：初二年级杠杆的应用，联系网课时期时不时能看见的小区中手推车通过上提和下压动作跨过减速带的场景；机械功与机械功率，联系运输工作者、志愿者和团长等挥汗卸货辛苦搬运的场景；动能、重力势能、机械能，联系各人居家自主进行抗原检测中小心定位谨慎滴液环节的场景；热学分子动理论中的扩散现象，联系封控楼道中经常能闻到的定期喷洒的消毒水气味；初三年级光的反射与折射复习，联系"大白"们穿戴的医用高清防护面罩这一装备既看得清明眸也看得到蓝天；凸透镜成像规律复习，联系核酸检测前医务人员认真扫码的场景；声学复习，联系使用扩音器以嘶哑声花式通知居民做核酸的场景；运动和力的复习，联系三位宇航员环绕地球日行千里的壮举；热学复习，联系团购冷冻货品运输箱中存放的干冰在进行热传递时制造的雾气缭绕；电学复习，联系偶发耳机麦克风自接触不良到修复成功、网课阶段高频使用的不同电流值充电适配器给力完成使命等场景。

"源于生活是那么熟悉→高于感性没那么简单→归于理性就那么回事"，如此这般蕴藏温暖的体验，令学习者投注目光，引发联想，继而带动其为新一轮最近发展区的奋力起跃做好准备。对此，学生还自制了物理诗句：之所以仰望星空，有时是因为不愿辜负大气对陨石做功；之所以脚踏实地，有时是因为试图减小压强让泥土喘息。

三、活动如声学般拢捻心弦

教学设计所涉及的支持内容决定了我们需要提前储备好充足完善的配套资源,反复推敲在实际操作步骤中与师生活动密切相关的细节,使之更好地服务于教学的全过程。声波的特质告诉我们振动的源头旁若有能够随之而动的其他物体,就可以传播开,且个体不随波逐流。活动作为激起波澜之石,既催生个性化的想法和做法,也带来感染身边他人的启示影响。

平日常规的例行活动中,在用户形象方面,我们约定不能自行修改相关信息备注或头像资料,以避免产生不必要的知觉干扰(如有些学生热衷于组织语言或安排照片以频繁更换个人签名和形象)。在划分群类方面,我们须同时关照预设的班级全体群和经过个性参数分析后重新规划生成的小范围群组,并通过辅助应用软件对零散的额外新建组进行科学排布、详细记录、统一管理和及时编辑整顿,进而达成将有效纠偏无误送达确有需要者的目标。在知识素材方面,我们按照教学流程制作知识节点结构,并根据既定的挂靠标准将匹配的内容资料加工妥当后传至归属的节点,与此同时,利用外部应用软件详加备案,为之后对资源的修订调整打好基础。另外,在教学序与含有知识内在逻辑关系的框架体系之间形成对应。在能力反馈方面,我们把知识条目中的关键性要素提取出来并在应用软件上加以整理,通过强调核心词、变式阐述、实例对照类似事物、赋值或搭建比较等来激发学生的思维活动,同时也通过提示性陈述措辞的斟酌来保证补充解析暖意地传递到学生中。此外,我们还设计了定期开展的特色活动:两人成组,一人描述,一人猜答(挑选愿意利用摄像头公开展示自己画面的学生,然后让该生背对镜头,我们就可以在屏幕上看到其背影),在描述者讲述后或行进过程中猜答者能正确完整地说出屏幕上的物理教学相关内容则得分。每轮时限为两分钟,通过抽签决定各组进行的先后次序。若使用与学科知识无关的话语、方式加以说明或提示则不计分,若出现了与所给内容中相同的字则视情况而定,若选择跳过则减十秒,其他学生在每轮表达结束后有修补环节,也就是说大家静音观摩两人合作活动完成之后可进行集体抢答。学生对该项活动的期盼最为热切。

例行活动组织及资源配备的贴心宣传能让学生意识到教师的善意辅助和悉心传播,而特色活动中富有针对性的师生、生生之间的头脑风暴,活动要素是提示,本质上体现了启迪作用。有生命力的活动设计可以延伸至课余,能在一定程度上拓展学习时空,兼顾个体差异,满足多样需求,为学有困惑的学生提供别样的展示舞台,为不同层次的学生搭设提升学习的坚实阶梯。在理论研究、教学实践、探讨分析之后,我们对学科教学的基本要求有了新的认识,加深了对学生认知的了解,并不断反思教学设计,增强对非智力因素的调动能力。

四、过渡如电学般激发孩子

正如串联电路顺次连接时会用导线来过渡,导线两端电压为零,全盘导通时电流从无到有一般,在教学环节中也同样需要这样无过多负担又能顺畅衔接、延展空间的必要存在。串接既有一堂课中的贯通主线,也有一个单元内的贯通主线。在承前启后的同时,力争减少所付出的代价,减轻孩子内心的压力。观察研究学生参与教学后逐渐开始相互作用的不同时段有哪些特点,并思考我们该如何应对。诚然,过渡的方式多种多样,我想以展现困惑为例,谈谈激发学生恢复耗损热情的尝试。

相关教学中提及的有以下一些衔接方案。在从"热量"向"比热容"过渡时设置:足不出户阶段家中经常蒸煮速冻食品,水分含量较多的馅料往往比水分含量较少的面皮更容易烫伤口腔黏膜。在从"磁场"向"电流产生的磁场"过渡时设置:

核酸采样点位内原先附带磁吸的移窗由于异名磁极相互吸引能够实现闭合,但现如今却需要在此基础上增加同名磁极相互排斥并以开关切换操控。在从"声的产生"向"声的传播"过渡时设置:封控期间窗外邻居孩子练习乐器过程中吹奏的声音会被自己作为背景旋律录入音频。在从"用电流表、电压表测电阻(改变电源电压法)"向"用电流表、电压表测电阻(使用滑动变阻器法)"过渡时设置:因为全市管控,干电池这一器材临时短缺,所以当仅有一节电池的情况下我们无法通过采取更改节数的办法来满足多次实验调换待测电阻两端电压的要求。在从"压力"向"压强"过渡时设置:家中长辈从居委处提拿政府分发物资的包装袋回家后,双手皮肤上有时会留下一段时间的明显痕迹。在从"光的直线传播"向"光的反射"过渡时设置:小区内楼栋解封后年幼儿童在使用滑板车及配备辅助轮的小型自行车时无法同时观察到前方和侧后方的情形。

在复习回顾旧知、联系前后内容的过渡环节里,我们尽可能避免居高临下之势,采用自己或他人所遇困难来形成衔接,激起人善意的本性,打造旁观者为当局者谋划的格局,以平等友好的姿态期盼在思维上得到学生相助,令其在顾及心理负载的"轻量级适度充电"之后,一同再度启程。

五、交互如力学般守护平衡

在力学范畴中,当受到非平衡的外力作用时,物体会改变其运动状态。而由于外界干扰,在充满未知的虚拟学习场域中学生极易无所适从,我们应通过友善有力的交互去减少他们因不确定性而可能出现的失衡。依据制定的方案,我们在教学辅导过程中边实施边应急,并伺机完善。我们间接从学生之间的对话里了解到他们对于教学施行后在试用支持学科认知的历程中产生了怎样的感想,萌发出哪些心得体会以及亟须调整的迫切诉求。

我们设立会议讨论组，随机分为若干个小团队，研究交流，小组互动，大组分享，学生间的互助暖流获得了涌动的机会；在附带"助威、鼓励"含义的表情图片中利用编辑软件添加字符，对个别回答出现偏差的学生发送整理成条的预存讲解信息、规范详尽的解题步骤和配套变式练习，帮助他们核实错因，找准修正方向；我们开展匿名的片段录制投票比拼，将成品隐去作者、变换音色、调节语速，布设到同一界面中，逐步汇聚"小伙伴们的讲解"集锦，增添同龄互帮渠道；我们协助毕业班同学针对特定的选题内容、形式及要求，开发尽可能科学、明确、经典、易错但富有个性化的独特测试，发布给参与辅助的所有学习者，在整体作答正确率的较量中筛查样题，以排行榜的形式把修订完毕的各道习题录入该届"高频知识点易错问题校本汇编"中。

实践发现：大部分学生确能从中受益，感到奋进暖流，从而提升实力。就备课组层面而言，案例经验教训的不断积累，既可以作为组内学科教师共享的教学资源，也可以纵向和横向地分析比较不同班级学生以及每一届学生学习中问题的差异和变化，还能为实施小组合作学习、形成组内和组际竞争的学习氛围提供可能。实践研究的酝酿、实施等相关研讨，也能促成教师之间广泛的交流、意见建议的汇集总结，提升校本教研的有效性。

六、评价如光学般照耀孩子

恰如绚丽的光路是可逆的一样，我们若多以反向的角度去构建精美的品评机制，可能会更有成效地协助孩子走好这段并不容易的探索之路。赞赏失败过程而非单论成功，挖掘他山之石而非只提不足，凸显上升空间而非独谈缺憾，皆可大放异彩。

鉴于部分过往的反馈表现，我们向学生重申评价不在意能力，但留意方法并关注态度,强调不与他人在学习结果上作比较,使温暖毫无隐藏地播撒扩散,让孩子能够充分接收。为洞察思维及情绪状态、心理变化走向并及时予以适当引导,我们试图在已知平台的基础上,对各模块的功能和用途进行优化以更有助于师生的成长,并进一步利用衍生出的多类个性化协作手段。比如:我们组织学生在提交自己的思维导图初稿后浏览本年级其他成员分享的文件,陈述他人作品的闪光点,并取长补短,通过二次加工不断改进;利用办公软件制作个人薄弱点记忆曲线,科学高效地增强知识认知的改善力,使我们赞赏、鼓励的好意出现在学习者心中;利用平台发布对各章节要点记录的赞成度给出推荐,收藏好题再优化,利用云协作编辑的远程控制屏幕批注提示,从不同视角列举体会并加以总结。

正所谓人点灯、灯照人,所有这些留痕指导被电子化之后可以精确地定位到每一个小问题、每一个细节中。指导者施展浑身解数,集中突破某一处思维难关,攻克学生尚存的薄弱环节,尽力消除那些可能会累积沉淀的疑惑,让拥有学科特质的理性信息量、体贴的关注度结合重情的关爱感,布满学生学习经历的角角落落。

在这一探索主题下,那些让人意想不到的微小精彩恐怕只可能出现在我们一次次用心改进设计、一步步努力落实到位之后。在个性化学习于技术上成为可能的今天,怎样让利用巧思实践暖化学习体验更为靓丽夺目,值得我们期待与付出。

徐译　上海市仙霞高级中学　物理教师　教龄 12 年

3. 激活创意思维，让冰冷的写作温暖起来

一、是什么"绊"住了孩子们的思维?

(一) 聆听学生的感受:"我的作文是冰冷的"

写作原本应是一场温暖的心灵之旅，是投射到现实世界的一束温暖的光。王安忆在创意写作讲稿《心灵世界》中提及，写作是个人的心灵世界，是现实世界的另一个起源和归宿。写作引导我们顺着小径寻求回家的归属感，让文字温暖心灵，照亮周边的世界。

然而，在一节写作课上，当我讲"好的文学作品都是有温度的"时，有同学站起来说道:"老师，那我的作文可惨啦，我觉得它是冷冰冰的，我写的事情大多是从作文选里看来的。"我问及原因，他回答:"第一，我不知道写什么;第二，我不敢'乱写'，害怕写的文章不符合要求，反而中规中矩最安全。"

处在青春期的美好少年，理应拥有丰富的感情和想象力，拥有表达自我的无

限欲望和对美的细腻感知。为什么自由烂漫的灵魂，在写作中反而变得干瘪沉闷、畏畏缩缩？

"不知道写什么"和"不敢写"，这是许多学生写作时面临的难题，说明学生在文本叙事中，对真实的表达是回避的。因为他们明白，"我"的表达不重要，"符合要求"高于"真实的思考"。"基于要求的表达"，很容易让学生陷入叙事套路与陷阱，让写作过程变得虚伪。"大众化、标签化"的词句，将学生的大脑变成别人思想的跑马场，学生写着没劲，教师读着也没劲，总觉得"这篇文章我在哪儿看过"。

学生的写作，因为个体生命热情的缺席，更像是对成人标准的妥协和讨好。

（二）倾听学生的心声：找到限制写作热情的枷锁

该同学的发言让我陷入了思考：如何让学生的文字重新拥有生活的温度？究竟是什么"绊"住了他们的思维呢？

我想先听听他们的想法——

"老师，我其实挺害怕作文评价标准的，一看到那张写满分数的A4纸，我就觉得像被捆住似的，动弹不得。"

"我觉得大家推荐的优秀作文对我帮助不大，反而让我很迷茫。我似乎知道，什么样的文章更有可能获得高分，强行将自己'扭'向这个方向，最后就像邯郸学步似的，越学越丑，写的文章连我自己都不喜欢，这个过程有点折磨人。"

"在作文中我常常认不清自己，我不知道我是谁，不知道想写什么。我知道该写什么，但总是写不好。"

......

写作真实主体的长期缺失，使孩子们越来越远离真我。他们看不清内心，对自身的写作风格没有信心,被评价标准限制了思考的空间。

罗森伯格指出,对内在状态的模棱两可,极易造成学生无法确认自身情感状态的结果。想要建立一种稳定、温暖的情感状态,就必须引导学生认清自己情感的本质。

教师应为"温暖"而行,给学生足够的关怀与情感支持,充分维护学生自由的思考空间。在写作教学中,教师应注重学生的自我认识,要先带领他们了解"自我"。文本叙事中的"我",往往由"体验自我"和"叙事自我"构成。当进入"叙述者"的身份时,既有可能向读者传达虚伪信息,也有可能表达真实情感[1]。

我们重新讨论了写作课的"标准":作文的表达,不基于"要求",而基于"真诚",切勿落入虚情假意的叙述陷阱。真诚的"叙事自我",必须基于真实的生命体验。要打破学生的紧箍咒,揭掉贴在他们头上的"封印",引导他们寻求生命中那些真正的悸动,让情感自由流淌成文字,使文字拥有温暖人心的力量。

二、打开创意思维,让写作温暖起来

(一) 自由写作,让文字重新拥有生活的"体温"

要让学生打开话匣子,找到回归自我的写作之路,最重要的是释放学生的天性,给予他们自由思考的空间。

我采用了"自由写作训练"的方法,自由写作的目的是将"有意识的、刻意的写作"转变为"自动的、无意识的写作"[2],将学生从"写作应符合什么要求、完成什么目标""在文中我应成为谁"的思考桎梏中解放出来。这个方法操作起来很简单:在一段时间里,想到什么就写什么,可以是一个想法、一个词语,不要着急定什么主题,也不用担心文章的质量究竟如何,最重要的事情就是一直写,不停地写。避开由某种标准或对写作结果进行预判所导致的心理干扰,探索最原始、深埋在心底的思维宝藏,将最真实、未加修饰和编辑过的自我展现出来,开掘出思想中最有生命力的部分。

为此,我尝试了写作课"在你自己的世界里":

> 很多时候,我们以为,从大多数人的经验出发,才能够引起读者的共鸣;事实恰恰相反,在写作的过程中,你的体验越是独特、越是个体,就越能够使读者找到共鸣并深受感动。

我通过分析塞琪·科恩的随笔文章《宣泄》,帮助学生学习如何观察周围的世界,并将情感和记忆投射到事物上,完成一次生命体验。具体参考以下方法:第一,记录梦境;第二,回忆过去;第三,表达独特感受;第四,随时记录当下;第五,展开虚构的想象。千万不要在提笔之前设定太多标准,按照内心最真实的想法去写,所谓的好或不好没那么重要。

训练的步骤是:第一,想一想,有哪些瞬间是让你真正有感触的;第二,沉浸其中,将所有的细节回忆出来;第三,选择一个你最喜欢的片段,将它描写出来。

自由写作训练的课堂,是那段时间里最安静的课堂,也是孩子们上得最认真、最放松的课。孩子们静静地思考着,随着时间的流逝,他们面前的纸上出现了越来越多的词句。他们时而思考,时而奋笔疾书,还时不时地在纸上画一些抽象的符号。思维的闸门慢慢打开,那些尘封已久的奇思妙想终于开始流淌起来。

> A同学有个"奇怪"的习惯:大冬天在上海街头闲逛。虽然冷风扑面,但他沉浸在沿街店铺糖炒栗子的香甜味道里。他的回忆飘到老家的乡村,看到成片的栗子树和身着深红色棉袄的姥姥,姥姥的掌心里是烤得咧开嘴的棕红色栗子,又暖又甜。

B同学喜欢和鸡娃的"虎妈""对着干","哈浪"是他偷偷收养的流浪狗,他一直想带它回家。为了"哈浪"的幸福生活,最近他对"虎妈"言听计从,希望用竞赛的好成绩换来妈妈的"宽容",他正期待着。

C同学常常幻想如果自己突然变成某种小动物,爸爸妈妈、亲戚朋友和老师同学会以怎样的目光来打量他,他会不会展开一次令人心惊肉跳的冒险之旅,原先的亲情和友情会不会遭受考验,抑或会有一场愉快的跨"界"合作。

D同学痴迷于对味道的描绘:自由闻起来就像草原上的风,月亮的味道就像成熟的芒果一般香甜,枯燥的作业散发着梅雨天发霉的木地板味儿,充满安全感的温暖气息就像晒过的被子上熟悉的洗衣液味道……

他们的文字间充盈着真实的生命体验,个性化的语言和真诚的情感熔铸其中,文章也有了生活的温度。每一处转角都有惊喜:不管是孩子气的思考、幻想的冒险世界,还是回忆中的场景,都让人眼前一亮,清新的生命气息迎面扑来。

(二) 走出小我,给思维以温暖的归属

经过一段时间的自由写作,学生的作品越来越生动有趣。他们或进入魔法学校,或变形,或冒险,或超光速飞行,或在太空建立基地……天马行空,跌宕起伏,扣人心弦,也闪烁着思想的微光。为了培养读者意识,用逆向思维提升写作水平,我尝试引导学生走出创作时的小我,走进更宽广的世界。

1. 创意写作工作坊:营造温暖的写作"共同体"

亚里士多德认为,创造一个轻松的合作氛围可以激发人类的潜力和对知识的渴望。教师首先要为学生创造一个平等、有安全感、能唤起他们表达欲望的宽松环境。创意写作工作坊的学习模式以学生为中心:同学们围坐一堂,帮助作者进行构思;大家互相讨论,各抒己见。在"集体创意—集体写作—集体修改"的过程

中,不同的思想相互碰撞,不足得到弥补,灵感得到启发,创意得到实现,进而提升了学生的写作水平。借鉴"共同体"理念的创意写作工作坊是一种典型的合作学习模式,而不是单纯的小组活动。在"写作沙龙"中,人人是作者,亦是读者,每个人都有自由展示和评论作品的机会。写作课堂上并非一派单向输出的"和谐"景象,而是"波涛四起",针对"有争议"的文章,"小小评论家们"摆出理由,阐明观点。在这样的气氛下,知识的传授过程便自然地交融、深化了。

2. 风格训练:成就温暖的创作"个体"

在创意写作工作坊进行的过程中也出现了新的问题:旧的评价观念不适应新的写作状态,评价时还是习惯用"好"或者"不好"来一言以蔽之。结果在小组讨论中不占上风的学生便开始动摇并怀疑自己前期的努力。为了解决这个问题,我需要让学生知道:创作风格无所谓好坏,它本来就是多姿多彩的,我们应熟悉自己的风格,肯定并且发扬好它。

创作风格,凝聚着作者鲜明的创作个性。即便是相同的内容,不同的写作个性也会带来独特的表达效果。我选取了短诗《我畏惧》(*I Am Afraid*),让学生在翻译的基础上改写,要求是:不能直译,语言必须有自己的鲜明个性,文体不限。学生的作品中,有的是优美的散文,有的化用诗经的四言句式写出了回环往复的缠绵情思,有的是活泼俏皮的"女汉子"版本……都很精彩。

有学生这样总结道:

在这个世界上,我们都是独一无二的树叶。就像今天这首小诗的翻译,同一意思,表达方式和效果可以千差万别,每个版本都很精彩,都渗透了作者独特的个性、对人生的思考与感悟。因此,做好自己,保持好自己的风格,不必要为了自己和别人不同而感到怀疑或沮丧。相反,我应该觉得幸运,因为这就是'我'与众不同的写作个性,也是最吸引读者的闪光点。

在帮助学生梳理写作思路时,我沿着学生的创作风格,顺势而为,做好一个"引导者",和他们一起,在这些奇思妙想中挑选、整合,让每一种思维风格都有自己的归属:善于辩论、性格活泼外向的学生,文字风格往往具有逻辑性和辩论色彩;比较内秀、含蓄的学生,文字风格往往显得含蓄温婉、细腻动人;比较天马行空、富有童真的学生,文字风格也带有浪漫、不拘一格的特点;喜欢研究、做实验的学生,往往也会把理科思维带入写作风格,呈现出一种研究性的、严谨的风格特征……

人的思想是流动的,不应用唯一的标准加以衡量。当学生感受到自己的风格是被接纳的,意识到"我"是独一无二的时候,就会变得自信而健谈。一个善于梳理言语逻辑、运用自己独特风格讲故事的学生,在人群中是与众不同、熠熠闪光的。

3. 自创标准:让"个体"与"共同体"温暖相拥

在写作评价的过程中,有学生告诉我:"每当看到冷冰冰的评分标准,我的满腔热情瞬间就溃散了。总感觉自己似乎在接受别人的'审判',很不开心!"当满怀热情的创作"个体"和热气腾腾的"共同体"相遇,冰冷的写作评价标准很容易让前期的所有努力都化为泡影。

既然如此,为什么要接受"别人"的"审判"呢?

我们完全可以依据自己对写作的理解,来制定符合我们学情的个性化评估体系。我整理了不同课程体系(如 IB 中文课程或 A-level 文学课程等)的作文评价标准,分析了教育工作者设计这些量表的依据,让学生们参考并商定适合我们班的特色评分表。相比固化的评估表,让学生自己定标准更能激发他们的研究热情。

在"自创标准"的过程中:第一,他们需要认真思考、反复推敲在写作中哪些因素更重要。第二,他们还要考虑在评价体系中,这些因素的比重占多少为宜;作为评价表的设计者,在希望别人采纳自己的意见时,"我"该如何将细则阐述清楚,方便其他批阅者使用。这种逆向思维可以极大地反推写作的进步。同时,评价标准是动态发展的,不应只是评估当下的学习水平和成果,更要考虑一些影响长远发展的因素，如将学生的学习潜能、蕴含的发展可能等考虑在内。因此，评价标准可以经过讨论、根据学情的变化进行修改，它将伴随着学生一同成长。

在创意写作进程中，写作评价并不是终点，而是下一阶段的起点，是很重要的一环。"扶手"建得稳，学生愿意攀爬，下一阶段的目标就更容易实现。当评价体系渗透着学生认真的思考，让学生亲身参与评价过程，同时教师给予学生温暖的激励时，这些标准才会放下高冷的姿态，融入每一次热烈的探讨，让学生形成对作品的深度理解和反思意识，不断促发他们的内在动力，使"任务"内化为自身的主动追求。

在创意写作工作坊中，人与人之间的思想可以互相"拥抱"。当学生感受到自己的想法很重要，不仅对自己、对讨论组，甚至对整个班级都有影响力时，他一定能感受到课堂的温度，也愿意加入这个接纳的、有归属感的集体。

三、梳理写作逻辑，整合思维的王国

自由写作，打开了学生的创作思维，让学生回归"真我"；风格训练，进一步明确了学生的创作风格，帮助学生找到个性；评价设计，深化了学生对写作的理解，也促发了不同思维之间的碰撞。

如果说上述的所有努力是为了拓宽思维，那么思维导图法更侧重于思路的逻辑梳理，使之为成文作准备。思维导图法运用文字、符号、线条、绘画、图像等形式，将孤立的信息单元按照一定的逻辑顺序串联起来，方便作者从空间切入整理写作元素。通过绘制思维导图，学生让丰富的想象落地的同时，也能够打开思维面，将抽象、丰富的想象空间具象化。

以某位同学的思维导图为例。

第一步，运用自由写作的方法进行头脑风暴。学生落笔皆为记忆中难忘的瞬

间,一幕幕生活中或幸福或感动或温暖或遗憾的场景在心上留下快速的剪影,在笔下诞生的每一个名词背后都蕴含着作者的深情。

第二步,对于眼前这些闪光却零散的词句,可以借鉴风格训练的方法,将风格类似的元素归并为一类;接下来,在创意写作工作坊中,学生互相讨论、多元评价,进一步丰富思维导图的细节。

第三步,大家互相合作,理清不同要素之间的关系,初步完成思维导图大纲(见图1)。

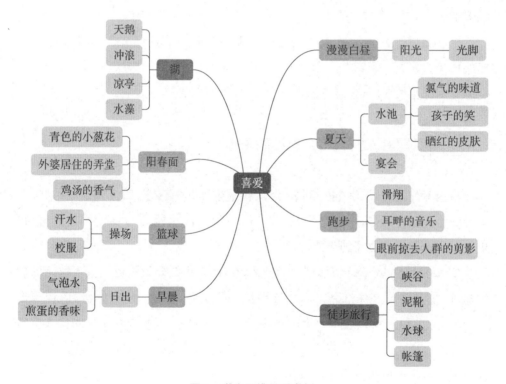

图1　学生思维导图举例

有学生说:"奇怪,有些词语看起来毫无关联,但当我像涂鸦似的一股脑儿写下来后,这些词就像通电了一样,带来很多灵感。当我弄明白它们之间的联系时,写作的思路就诞生了。"在运用思维导图法进行梳理、整合时,我们要注意尊重学生的视角和逻辑,不要运用成人的思考方式。在学生陷入困难或确实存在逻辑错乱问题时,教师再给予适当的引导。

有学生说,他更喜欢现在"热气腾腾"的写作课。我认为,"热气腾腾"主要体现在以下方面:

第一,给予温暖的支持。与学生共情,体会他们真切的写作感受;学会聆听,找到限制学生的枷锁。

第二,打开思维。运用"自由写作训练",点燃创意火花,鼓励学生回归"真我"。

第三,明确创作个性。运用"风格训练",让独特的思想不因某种刻意标准"流浪在外",使创作方向更加清晰。

第四,让思想丰富思想。在"创意写作工作坊"集体创意—集体写作—集体修改的过程中,不同的思想相互碰撞,使得创意灵感更加丰富多元。

第五,梳理写作逻辑。运用"思维导图",在制图过程中发挥思考的乐趣并整合思维。引导学生不仅能仰望天空也能脚踏实地,将思维王国规整得温暖有序,为成文梳理思路。

对青少年来说,感受"人"、理解"人"、思考"人",是促进其精神成长、个性成熟的重要途径。在这当中,文学起着无可替代的作用。写作,应以生命温暖生命,体现人文关怀。教师最大的关注点就在学生身上,应关注学生的情感、精神、理想和状态。直面于"人",植根于"爱",发轫于"美",作用于"心",使得孩子们的情感得以解放,想象力和创造力得以激活,成为更有温度、更有智慧、更加柔软的人。

参考文献

［1］叶开.写作课[M].桂林:广西师范大学出版社,2018.

［2］塞琪·科恩.写我人生诗[M].刘聪,译.北京:中国人民大学出版社,2014.

韩倩雯　上海市嘉定区丰庄中学　语文教师　教龄5年

4. 当"冰冷"的雪花遇上温暖的教学

——"双新"背景下"雪花曲线"的课堂实践

学生间流传着这么一句调侃的话:"人被逼急了什么都做得出来——除了数学!"一笑之余,我感受到数学给学生造成的困扰:晦涩难懂、枯燥无味、高深莫测……尤其在高中学习阶段,学生不仅没有因为知识的获得增加喜悦,反而被一个又一个困难打击了信心、磨平了斗志、丧失了兴趣。数学成为学生心底的"痛",对此,我不禁思考:怎么样的教学才能温暖他们"受伤"的心灵?

数学刷题式、应试性教学带来的窄化的教育活动因偏移了教学走向一直遭人诟病。2020年6月教育部发布了《普通高中数学课程标准(2017年版2020年修订)》[1](以下简称《新课标》),同年上海市也全面推进"新课程、新教材"(以下简称"双新")的实施。"双新"在三维课程目标体系、设置数学探究、关注学生学习方式多样化等方面都有着明显的变化。在"双新"的背景下,我希望结合学科特点,温暖数学教学,改善学生对数学的疏离感,使其重燃数学学习兴趣。

章建跃博士曾提出数学教学的"三个理解"——理解数学、理解学生、理解教学[2]。理解数学提倡把握知识核心;理解学生需要遵循认知规律;理解教学则是把握教学的基本规律,践行教学的艺术。受到这三个理解的启发,我尝试以"求真·崇善·尚美"的理念,以好奇温暖知识,以体验温暖学生,以文化、审美温暖数学(见图1),构建"雪花曲线"的教学,让学生浸润在理性的数学世界中,感受"冰冷"雪花展现的数学魅力。

图1 从"三个理解"到温暖的教学

一、求真:以好奇温暖知识,让学生靠近数学真谛

想要改变学生对数学的冷漠感,首先要从数学本身出发,理解数学,把握数学最核心、最本质的"真"。我试着在传递数学知识之余呈现其背后所蕴含的数学思想和方法,引导学生对一些具有统摄性的"一般观念"形成深入理解并能自觉应用。

(一) 把握本质,巧用冲突,以求知欲激发兴趣

雪花曲线因形得名,由等边三角形开始,接着把三角形的每条边三等分,并在三分后的中段向外作一个新的等边三角形,同时去掉与原三角形叠合的边(见图2)。

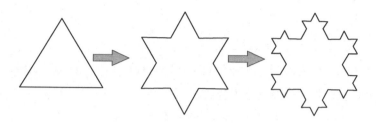

图 2 雪花曲线的生成过程

雪花曲线独特的性质能很好地引发学生的认知冲突——变化的无限连续性,导致周长不断增加并达到无限。按照惯性思维,周长无限增加的情况势必带来面积的无限增大,但雪花曲线竟然反其道而行之——它的周长无限,面积却有限。这为教学的开展提供了很好的契机,我利用学生的好奇心打开通往数学真谛的大门,在完成教学任务的同时发展学生的非智力因素,培养他们的数学学习兴趣,凸显数学学科的育人价值。

课堂片段 1

师:是否存在一种曲线,它的长度可以绕地球好几圈,但是却可以画在一张小小的邮票上呢?(见图 3)

图 3 雪花曲线邮票

生1：邮票才多大，肯定不行。

生2：老师这么问说明肯定是有可能的。

师：生2很聪明地看穿了老师的意图，大胆猜想很好，但是我们需要用数字说话，这节课就让我们一同解决这个问题。

教师通过一个看似不可能发生的情境，在师生对话中引发认知冲突，引导学生打破思维定式，培养他们大胆假设、小心求证的思维习惯。

(二) 重在明道，大道至简，以逻辑性揭秘本质

数学家庞加莱说："逻辑用于论证，直觉用于发明。"兴趣启发好奇，理解带来认同。为了改善数学的"高冷"感，我进一步引导学生从概念出发，对雪花曲线变化中蕴含的规律进行探究，通过文字或符号语言转化直接体验，规避主观理解上的偏差。在课堂教学设计中，我希望学生可以以形研性，通过分析、计算，用数据说话，让理性推演战胜感性认识，找到雪花曲线无限变化过程中的特点，以简单的核心概念解释复杂的变化，通过逻辑验证满足学生的好奇心。

(三) 充分挖掘，多维培养，借数学课落实素养

在教学过程中，我充分挖掘发展核心素养的机会和载体，在知识和能力培养的同时，注重学生数学思维和数学情感的发展。例如，在探究雪花曲线周长与面积的过程中，通过设置问题串引导学生观察曲线生长前后的边长、边数、周长、面积的变化，并将数据填表做进一步分析，发展学生直观想象、数学建模、数据分析等核心素养；在根据递推公式求解通项公式的教学中，通过归纳分析、累加求和，渗透逻辑推理、数学运算等核心素养；在通过极限结论解释曲线生长变化的本质规律时，引导学生将数学模型的结论返回到实际问题中，用数学的语言理解世界。

各核心素养的养成过程让学生的思维能力在"启发—引导—落实—升华"的过程中螺旋上升。

在课堂实践中，我以雪花曲线的探究为明线，数列的综合应用为暗线，分形几何的介绍为延伸，揭示了该曲线的本质规律，提升学生的逻辑推理素养，渗透数学的育人功能，也用"真"数学化解学生因无知而产生的冷漠，为教学提供温暖的土壤。

二、崇善：以体验温暖学生，让学习具备社会意义

数学带给学生的冰冷感觉，既是由数学本身抽象的特点造成的，又是由教师长期范式化的教学所导致的。想要温暖学生，必先理解学生，根据学生所处年龄段的特点，革新教学方式，从数学的应用意义、实践意义以及教学中的交流合作等方面落实学习的社会意义，不断优化课堂，彰显教学的艺术魅力。

我班学生在数学学习上普遍存在着畏难情绪，对于数学呈现出的抽象形式和背后蕴含的思想方法的发生发展过程缺乏学习兴趣，但他们喜欢动手尝试，也乐于分享合作。基于此，我希望以核心素养为出发点，结合学情设计课堂教学，顾及他们的"最近发展区"，以求学生能获得不同程度的感悟，收获相应的成长。

（一）融入生活，设置情境，在时事热点中唤起新鲜感

在引入环节，我设置了数学知识的社会应用情境，快速拉近学生和数学之间的距离，这符合他们的认知特点。当学生尝试用数学的眼光看待世界，用数学的语言表达世界的时候，课堂教学也就自然地、顺利地走进他们的心中。

课堂片段 2

师：2022 年北京冬奥会成功举办，成为全球首个"双奥之城"。开幕式上，一朵小小的雪花成为贯穿开幕式始终的线索，所有参赛国家和地区名字的雪花引导牌最后组成一个美丽的大雪花(见图 4)。在全球处于疫情的艰难时刻，张艺谋导演力图运用艺术感染力和文化共通性，展现人类团结起来"一起向未来"的美好愿望。

图 4　北京冬奥会开幕

我在课堂上呈现了冬奥会开幕式中震撼人心的美，为雪花曲线埋下伏笔的同时赋予学生民族自豪感，在智育的同时突出数学在现实生活中的应用价值与社会意义。

(二) 动手实践，积极构建，在知识生成中获得探索感

数学教育家波利亚说过，学习任何知识的最佳途径，就是由学生自己去发现、探索、研究，因为这样理解更深刻，也最容易掌握其中的内在规律、性质和联系。教育的目的是使人具有活跃的智慧，而高中数学教学中受行为主义影响较深的传统教学观念长期存在，教学内容相对固化，导致数学教学总体上比较枯燥乏味，教学效果一般，特别是当学生面对一些相对抽象的内容时，会出现难以理解与掌握的现象。[3]

"双新"推进过程中对学生学习方式多样化提出了要求。因此,我希望在课堂教学中提供更多体验知识生成过程的机会,让学生在主动探索的环境中构建知识,获得充实和愉快的体验。为此,我特别设计了实践动手环节,让学生在绘制图形的过程中体验、感悟、摸索雪花曲线,对所学知识形成具体、直观的感受。

课堂片段3

师:请同学们按照如下步骤作图:

(1) 将一个正三角形的每边三等分,并以中间的那一条线段为底边向形外作等边三角形,再去掉底边,得到第二个阶段;

(2) 将第二阶段的每边三等分,重复上述的作图方法,得到第三阶段;

(3) 再按上述方法无限多次重复,观察得到的曲线将会呈什么形状。

数学活动是培养学生数学能力、发展学生数学核心素养的重要途径。合理设计操作探究活动,让学生带着感性认识并转而理性地研究雪花曲线;实施操作探究活动带来的生动体验,使学生发展了直观想象的数学核心素养。

生3:老师,我可以完成最初几个阶段,但是越往后,边数就越多,一张纸都画不下了。

师:大家自己动手绘制出了雪花曲线,但随着生长次数的增加,小三角形越来越多,作图也越来越困难。下面我们借助软件,看看把雪花曲线的局部不断放大会是什么样子。

教师利用几何画板缩小一条曲线并与另一条不变的曲线对比,初步感受分形结构的自相似性(见图 5)。

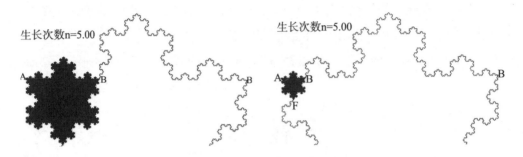

图 5 雪花曲线的自相似性

学生亲自动手操作,熟悉曲线的迭代作图法,对曲线的无限生长有一个初步印象,凸显数学的实践价值;再利用计算机技术,增加迭代次数,让学生观察缩放的雪花曲线的特征,从而更科学、直观地对曲线的自相似性有初步的"形"的认识。

(三) 合作探究,理解尊重,在包容支持中收获成就感

课堂应充分利用集体教学的优势,为学生创造更多互动合作的机会。冰冷的知识在同伴的支持与互助下,也能变得有趣生动起来。学生经历互相交流、合作探究的过程,归纳曲线生长的一般规律,将其抽象成数列模型后求得通项公式,最终得到所研究对象的结果。在这个过程中,学生发展数学核心素养的同时更收获成就感和自信心。

课堂片段 4

师:作图过程中,你们发现了雪花曲线有哪些奇特的地方?

生 4:雪花曲线是一条连续的折线。

生5:曲线到处长满了"角"。

生6:当迭代次数越来越多时,"角"的个数也越来越多,并且"角"越来越小。

生7:曲线向外的生长越来越慢。

师:大家从形的方面对雪花曲线有了初步的认识,那么如何从数的方面进行定量研究呢?

生8:可以研究雪花曲线的边长和边数。

生9:还有"角"的个数。

生10:周长和面积。

师:非常好! 同学们边动手、边动脑,初步了解了如何用数学的眼光观察世界。

理想的课堂不是学生沉默地听讲,他们应被赋予对话、交流的机会。小组讨论与交流为更多学生提供了发表观点的机会,营造了良好的课堂氛围,并借助合作学习培养学生尊重他人的思想意识,结合教学内容布置合作学习任务,促使学生在合作完成学习任务的过程中倾听他人意见,相互学习优点,同时对比分析自身不足,逐渐提升自我,学会对自己的学习进行审视和反思。

我力求本节课在体现学科德育功能的同时,坚持以"学生为中心"的教学原则,根据学生身心特点建构由易到难、由简到繁的学习活动,创造机会与平台,让学生合作、交流、展示、聆听、提升、构建。课上,学生通过动手操作,形成对雪花曲线的直观感受;通过小组合作填表,生成对雪花曲线的理性认识;在解决问题与困难的过程中培养动态的数学信念,锻炼意志力。在师生、生生的互动中,本节课展现了数学学习的社会意义,培养了学生的数学关键能力和必备品格,以"崇善"实现温暖的教学。

三、尚美:以文化温暖教学,让审美引领课堂风尚

理解教学就是把握教学的基本规律,践行教学的艺术。雪花曲线杂中有序的外形给学生数学以美的体验,实现数学美育的目标,再辅之以合适的课堂节奏,让学生在美的氛围中慢慢体验、思考,润泽心灵。

(一) 以美润心,带领学生感受数学的形式美

罗素在他的《西方哲学史》中这样写道:"数学,如果正确地看它,不但拥有真理,而且也具有至高的美,正像雕刻的美,是一种冷而严肃的美,这种美不是投合我们天性的微弱的方面,这种美没有绘画或音乐的那些华丽的装饰,它可以纯净到崇高的地步,能够达到严格的只有最伟大的艺术才能显示的那种完满的境地。"长期以来,数学教学更多关注解题和提分技巧,忽略以美育人、以美润心的方法,课堂教学也因此缺失了艺术感和温暖。

在雪花曲线的教学中,我以雪花自带的美感吸引学生,使他们在欣赏数学之美的同时促进其对数学学习意义的思考,比如:数学之美美在哪里? 有何独特之处? 数学之美的依据是什么? 如何刻画数学之美? ……一系列问题启发学生由数学感性认识带动理性思考,进一步升华数学情感和信念。

(二) 以慢暖心,给予学生从容的思考空间

教学是"慢"的艺术,慢的目的是给学生思考的空间。数学的思维方式有抽象、归纳、演绎、分析和综合等,课堂教学除了传递数学概念和思想方法外,也应突出数学基本活动经验的积累过程。在拓展环节,我放缓了教学的节奏,在"以人为本"的学生观之下,主张将课堂还给学生,提供小组讨论或团队展示的机会,让学

生从容地构建自己的领悟,从而凸显教学的育人价值,体现教学过程的人文关怀。

课堂片段5

师:课前,我们以小组为单位认领了不同的任务,完成了预习作业,下面请各小组代表为大家介绍一下分形几何的相关知识。

A小组代表介绍分形几何的发展史。

1. 英国的海岸线有多长?   2. 分形之父

图6 分形几何发展史

B小组代表介绍自然界中存在的各种分形案例和用数学方式构造的分形案例。

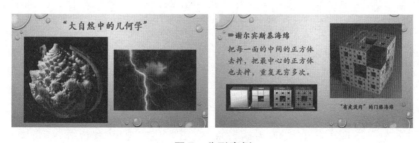

图7 分形案例

C小组代表从分形几何的应用角度,展示分形艺术——曼德勃罗集。

图8　曼德勃罗集

　　课堂拓展环节具有一定的开放性,我希望提供给学生一些课本上学不到的知识,以文化熏陶引导学生寻找数学发展的脉络,体验数学创新的内在机制,领会数学的自然之美。通过展示,学生的视野得到拓宽,感受多彩的自然现象与奇妙的数学世界的联系,对数学之美有了新的认识,体现数学学科的人文价值;此外,小组前期对资料的收集整理,培养了他们的创新意识和科学态度,课内的登台亮相在锻炼他们表达能力的同时更有助于提升其自信。

　　数学家罗素指出:"数学不但拥有真理,而且也拥有至高无上的美。"雪花曲线带来的视觉冲击吸引着学生去探索数学的奇异之美;数学文化的渗透让学生对分形几何概念的产生背景、发展过程以及数学家运用的思想方法有一定的了解,引导学生从不同的角度欣赏数学的统一之美;学生通过对雪花曲线通项公式的挖掘及极限的计算,感受数学的抽象之美。

　　在"双新"背景下,我以数学素养为导向,从生活实例引入雪花曲线,引导学生通过动手操作发现雪花曲线的图像特征,发展学生直观想象的素养;将图形语言和自然语言抽象成符号语言,发展学生的数学抽象素养;通过计算解决雪花曲线面积有限但周长无限的困惑,发展学生数学运算和逻辑推理的素养。课堂不仅仅是完成知识的传递,更培养学生的审美能力与文化自信,渗透数学德育的功效,传递数学文化的情感温度,让"理性"的数学呈现"感性"之美,用人性化的数学将"冰冷的美丽"化为"温暖的教学"。

参考文献

[1] 中华人民共和国教育部.普通高中数学课程标准(2017 年版 2020 年修订)[S].北京:人民教育出版社,2020.

[2] 章建跃.核心素养导向的高中数学教材的变革(续 1)[J].中学数学教学参考(上旬):2019(7):6 - 11.

[3] 汪晓勤.数学史与数学教育[J].教育研究与评论(中学教育教学),2014(1):8 - 14.

盛晓君　上海市高境第一中学　数学教师　教龄 6 年

陈骏　上海市高境第一中学　数学教师　教龄 17 年

第二章

教学：创造人文的体验

如何在教学中体现人文情怀？重要的是从认知到行为的一以贯之，更重要的是在过程中把儿童立场、创新意识、人本思想转化成可以承载的形式，让虚无缥缈的人文情怀落地。本章的四个案例呈现了四种在教学中融入人文体验从而提升教学成效的样式。

站在儿童立场还原儿童写作的真实场景，以我手写我心，使每个孩子都不自觉地投入其中，在原生态的情境中流露最自然也是最有力量的情感。这种教学设计看似不经意，实则别有用心，最终炼成习作课堂的一剂良方。

资深教师如何打破陈规实现教学创新？《月亮的味道甜蜜蜜》一文行云流水般地描述了如何审视惯常的"理所当然"，放下经验主义的傲慢，在最贴近儿童的世界中实现一次又一次教学创新的过程。敬畏童心，是最原始也是最有力量的创新之源。

沉浸式体验作为一种教学方式，其本质不在于突破时空限制营造接近真实的"现场"，而是角色意识，是如何站在特定角色的立场去理解特定事件。在《于立德树人之高度，铸历史课堂以温度》的教学设计中，作者坚持历史叙事以人为核心的原则，让学生在一次又一次的角色体验中理解真实历史，触摸历史的温度。

变革学习空间不再是教学设计中的全新尝试，但有形的学习空间易变，无形的思维空间难觅。在《思变·求索——创生有人文情怀的学习空间》一文中，注入人文关怀的课堂变得无限宽广，标准答案可以闲置，自然缺失可以补救，文学大家不是符号，历史人物在追问中重绽魅力。

5.

场景重构:温润习作课堂的一剂良方

常态下的习作课堂,不管你怎么不遗余力地指导,你总会发现大多数学生还是会愁眉紧锁,抓耳挠腮,不知如何下笔。因为生活中丰富多彩的场景已成过眼云烟,孩子们感到"资源匮乏""言之无物",甚至为完成习作而胡编乱造,所写的文章让人读来味同嚼蜡。同一个班的学生在同一位老师的指导下,为什么有的人写得好,有的人写得不好呢? 写得不好的原因之一就是没有感受,或者说感受不深,缺乏体验。有体验有感受是写好作文的必备前提之一。

那么如何让学生产生感受,并且把自己的真情实感表达出来呢? 最佳捷径就是站在"儿童立场"对学生的学习场景进行重构,把学生放在"学习场景"的核心位置,让学生在多元化的学习场景中自我体验,自我建构,我手写我口,我手写我心,打造有温度的课堂。

这样的认识和感受源于我的一堂创意习作课堂。

一、演绎重构:聆听自然的"心跳"

统编教材四年级上册第八单元的习作是《我的心儿怦怦跳》,要求学生选一件令心儿怦怦跳的事情写下来,写清楚事情的经过和当时的心情,由此落实本单元指向习作的语文要素"写一件事,能写出自己的感受"。要素的核心是"写一件事","写出感受",目标集中而清晰。

我想,在生活中,学生一定经历过许多令他们心儿怦怦跳的事,有这方面的体验,但让他们此时把经历过的让心儿怦怦跳的事写出来,还要写出感受是有困难的。因为经过了时间的冲洗,有些细节学生肯定已渐渐淡忘,有些感受也已模糊了。怎样让学生获得这方面的鲜活体验呢? 我在心中预设着各种方案,想找一个合适的载体,但都没找到一个满意的。

一筹莫展时,一份刚刚批完的单元调研卷跃入我的眼帘。顿时,一丝灵感涌上心头:最扣学生心弦的是什么? 没错,就是调研卷的成绩。看着这份调研卷,我得意地笑了:真是山重水复疑无路,柳暗花明又一村。

上课了,我拿着一叠卷子故意表情严肃地走进教室,并且还把卷子重重地摔在讲台桌上。顿了一会儿,我说:"早上我们进行了第八单元调研,试卷已批好了。同学们,从老师刚才走进教室到现在,看着老师的举动,你们的内心有什么想法呢? 请拿出笔写一写此时的感受。"同学们大气都不敢出,马上拿出笔"刷刷刷"地写起来。不一会儿,小手就纷纷举了起来。我转了一圈,选了几位同学的作品进行了分享。

　　生1:上课了,老师走进教室,手里还捧着一叠试卷。看老师一脸严肃,我内心忐忑不安起来,心里就像十五个吊桶打水——七上八下,真害怕我一直复习的结果成了竹篮打水一场空。千万不要考得很差呀! 希望不会,不然的话，我回家会挨骂的。我在心里一遍遍祈祷着。

生2：上课了，老师拿着试卷走了进来。她眉头像卧蚕似的紧皱着，表情严肃。我们一看便知道，这次没考好。我心想：完了，我这次不会也考砸了吧。

生3：上课了，老师捧着一叠试卷、迈着沉重的脚步走进教室。教室里顿时鸦雀无声。我心想：可能这次考得不理想，不然老师不会这么不高兴。这么想着，我忍不住倒吸了一口冷气，一颗心提到了嗓子眼儿。

……

开局不错，我暗自窃喜：要在平时，让他们写点心理活动，一定是矫揉造作，毫无生气。而此时，大部分同学迫切想知道考试成绩时都忍不住真情流露啊。

听了他们的分享，我开始发试卷，还故意抬高了声音："江××，一百；黄××，九十八……"我一边发试卷，一边关注着学生的表情变化：他们拿到试卷后有的喜不自禁，有的欣喜若狂，有的满脸开心……反正大部分同学都非常开心，可能是觉得比预期的要好吧。发完试卷，我说："从老师开始发试卷到此时此刻你拿到试卷，你的内心又经历了怎样的变化呢？能告诉我吗？来，拿起笔写一写。""刷刷刷……"，教室里一下子变得很安静，每个同学都专注地写着，连平时只会咬笔杆的吴××此时也挥舞着手中的笔。不一会儿，很多同学就写好了，迫不及待地想跟我分享他们抑制不住的喜悦。

有不敢相信自己耳朵的：

开始发试卷了，"江××，一百……"没想到老师第一个读的就是我的名字。"一百？我没听错吧！我真的考了一百分？"我边跑上去拿试卷边在心里打鼓，"不会是老师看错了吧"。接过试卷，我定睛一看，YES！真的是我的试卷。"我考了一百分！我考了一百分！"我一路欢呼，同学们都纷纷探过头来看我的试卷。"哇，一百分，真厉害！"同学们纷纷朝我竖起大拇指。我有点飘飘然了，心情像肥皂泡泡一样接连不断地喷涌出来，都要溢出来了呢！这下回家不用吃"竹笋炒肉"了，我美滋滋地想。

有着急心痛的：

"江××，一百……""什么，一百？这么难的试卷她竟考了一百分？简直太神了！"我被震惊到了。老师就这样一个接一个地念了下去。"怎么还没叫到我的名字？"我心里又开始着急起来，"我不会真的考得很差吧。""祝××，八十五……"这个分数的出现，让我的心情由晴转阴，恐惧、害怕、胆怯从潘多拉的魔盒里一同飞向我的心中，犹如千万根箭刺向我的心，让我一句话也说不出来。

有紧张害怕的：

"江××，一百……吴××，九十二……"只听见一个个名字从我耳边窜过去，我的心跟着老师念的速度越跳越快，就差一下子从我的胸口冲出来了。终于听到我的名字，但分数是多少却没听清。我双手打颤，一小步一小步地走向讲台，仿佛我前方的讲台不是讲台，而是斩决台一般。我闭着眼看了一下，只见一个鲜红的"9"映入眼帘。我心想："九十分以上，还行。"于是，我完全睁开了眼睛，只见我的分数是92，我开心地叫了一声："太好了，这下不用屁股开花了！"

还有后悔的、自责的、淡定的，等等。听着这些分享，我被惊到了，这些注入内心真实感受的语言是多么丰满而有个性啊，要知道这是不经雕琢的自然流露啊。他们什么时候都变成语言大师了。这些真的是他们写的吗？

按捺住心中的喜悦，我顿了顿，装作很惋惜的样子说："同学们，不好意思，忘记告诉你们了，今天试卷上的作文分还没减呢！""啊……啊……"我的话还没说完，班里已发出了阵阵惊呼声。"完了，完了，这下子完了！"刚才的激动、喜悦瞬间消失得无影无踪，同学们个个像打了霜似的蔫了。我把批好的作文纸发下去。拿到作文纸后，同学们有的惊喜得手舞足蹈，有的耷拉着头垂头丧气，有的后悔得捶胸顿足……看着他们率真的模样，我强忍住笑说："同学们，谁能与大家分享一下你此刻的心情吗？如果你的分享打动了老师，说不定老师能给你的作文加分哦！"一听这话，很多同学马上来了劲，立即动笔开始写起来。

吴同学写道：

"……忘记告诉你们了，今天试卷上的作文分还没减呢！"老师的话犹如晴天霹雳。那一刻，仿佛有一块大石头重重地砸在我的心上，心碎了一地……"吴××，作文纸拿去。"我一听老师的语气，就知道我作文的分数不可能很高。我拿到作文纸，看了一眼，只见右下角写着鲜红的"－10"。我的心流出的忧伤洒落了一地。呜呜呜，从92分一下子掉到了82分，从山峰坠入了山谷啊！

姚同学写道：

"……忘记告诉你们了，今天试卷上的作文分还没减呢！"什么？作文还没扣,原本考九十三分已经很低了,再扣我可要面临危机了呀! 我紧张得眼泪都快要掉出来了,感到背后阵阵发凉。看到有的同学只扣了 3 分,有的同学却扣了十几分,我更紧张了。终于轮到我了,我不怀任何希望地看向作文纸,"-1"的鲜红字眼跃入眼帘。只扣了一分? 真的吗? 我揉揉双眼,没错,真的只扣了一分,悬着的一颗心终于放下来了。"原来并不是我想的那样。"我喜出望外,原本的紧张顿时烟消云散。

江同学写道:

　　我拿到试卷后,看到第一页就扣了十分,都不想往下看了,一定考得非常差。忽然老师说,作文分还没扣呢。我为之一震,惊讶极了,心想:"作文分要减几分呢? 不会是像上次一样要减二十来分吧。"如果是这样,那真是雪上加霜了。拿到作文纸一看,我就像被一块极大的石头砸中了一样,心碎了一地。作文减了整整十分,这样成绩一下子就从七十一到了六十一,不争气的眼泪从眼角滑下,一直落在了我的试卷上。
　　……

　　听了一部分同学的分享后,我说:"同学们,伴随着试卷的发放,你们的心也像大海里的波涛一样起起伏伏,你能画出自己心情变化的完整示意图吗?"同学们一下子就画好了心情变化曲线图,我还特意让两个学生在黑板上画。
　　画好后,我指着示意图说:"刚才,同学们都真实地经历了一次心儿怦怦跳的过程,聆听了自己最真实的心声。从同学们的分享中,我发现同学们都非常在乎自己的成绩。这是好事,说明同学们都是有上进心的。但是拿到试卷后,只看成绩行吗?"同学们纷纷摇头。

"那应该怎么做呢?"我继续问道。

"认真地去分析试卷,看看是哪些地方被扣分了,失分的原因是什么,是不会还是粗心造成的。如果不会就请教老师或同学,把不懂的搞懂。"

"仔细分析考得差的原因,然后对症下药。"

"如果是粗心造成的,下次考试时就仔细一点。"

"如果是作文没写好造成的,平时要多看多读多写,努力提高写作水平。"

……

同学们你一言,我一语,说得头头是道。看来大道理他们都懂,就不用我说了。"那从拿到试卷到现在,你们有去查找过原因吗?"我问。很多同学都说是作文没写好。我故作神秘地说:"有一个办法可以补救,不知大家愿不愿意试一试?"同学们纷纷点头。我说:"如果今天大家回去把刚才发试卷的过程完整地写下来,写出自己心儿怦怦跳的真实感受,那么我会按照大家新写的作文进行扣分,你们愿意吗?""OK,保证保质保量完成。""我一定会写好的,争取不让老师扣分。"看着同学们信心满满的样子,我也满意地笑了。

二、审视重构:触摸课堂的温度

一堂随兴而起的创意习作课堂虽然结束了,但令我回味无穷。重新审视这节课,你怎么都不会觉得这是一节习作课,至少不是一次完整规范的习作指导课,但这节课因站在儿童的立场,对习作内容进行了"学习场景"重构而收获了别样的精彩,让习作课堂变得温润起来。

(一) 场景重构,构出了"真"味

首先有温度的课堂是基于"儿童立场"建构的,是充满活力的。写作《我的心

儿怦怦跳》，对笔者班里的孩子来说在选材上是有很大困难的。大部分孩子都未出过远门，还有很多孩子来自单亲或留守家庭。很难想象在他们的生活中，有哪些事会令他们的心儿怦怦跳。即使有，那也可能是个别、少部分人的感受。如何采集他们对"心儿怦怦跳"这种感受的切身体验呢？最理想的状态就是"即发生即写作"，缩短教材习作语境与生活真实情境之间的时空距离，让"缀文者情动而辞发"。

　　任何人面对考试成绩都有一种天然的担忧与畏惧。站在学生的角度想，无论大考小考，这个发试卷的过程是最令他们"心儿怦怦跳"的，因为他们非常看重这个分数。面对试卷、面对成绩时他们无法淡定。选取他们最熟悉、最为关注的发试卷过程来重构"我的心儿怦怦跳"的"学习场景"，就能有效地拨动学生的心弦。学生作为主人公现身在"场景"中，去亲历、思考、体验，去捕捉整个过程中自己内心无比丰富的瞬间。当他们有了较深刻的感受后，再趁热打铁让他们写，他们的表达就不再"资源匮乏""无米而炊"了。重构的场景成了他们习作的"源头活水"，习作成了"儿童"释放内需、缓解压力的一个重要途径。

（二）场景重构，构出了"情"味

　　于永正老师曾说过，作文就是有感而发，把看到的、听到的、对自己很有感触的事或现象动笔写一写，在这种情况下写的作文一般都有真情实感。这话一点不假，不在这样特定的场景中让学生写一写《我的心儿怦怦跳》，不少学生只会写"我很害怕""我紧张极了"诸如此类干涩的话语，任凭你怎么指导，学生的表达还是缺乏生气与活力。

　　有温度的课堂上，一切言语皆情语。本堂课中选取学生最担心、最为关注的发试卷过程来重构"学习场景"，目的就是让学生去感受。不论他们的成绩是好是坏，是进步了还是退步了，都会有强烈的感受。他们有话想说，有话能说，内心的情感自然流露。他们此时的表达是真切的,语言不再干巴冰冷,变得"湿润",带有作者强烈的"体温"。诸如"老师话音刚落,同学们开始'表演'了:有人跪下来,朝天大叫;有人嘟着嘴,瞪着老师,似乎老师是他们的仇人一样……"读着这样的句子,你不能不为他们纯真自然的感情流露所打动。这种原生态的真情表达在习作中是多么难能可贵。

(三) 场景重构,构出了"语"味

有温度的课堂一定是设计巧妙、扣人心弦的课堂。案例中"学习场景"的重构,可以说是笔者精心预设的,整个场景可以分解为几个小场景。如图 1 所示:

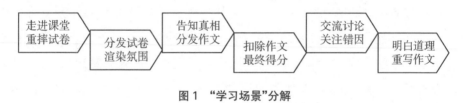

图1 "学习场景"分解

由图1可见,整个过程体现出情节设置的一波三折。在这个过程中,学生的心情、感受也跟随着事态的发展不断变化着。如图 2 所示:

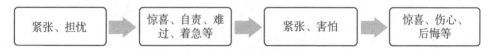

图2 学生心情、感受的变化

学生的心情和感受可以说是五味杂陈、起起落落。用学生的话来说,就是"这一会儿开心一会儿害怕的心情,实在是太刺激了"。而"学习场景"重构的多样性丰富了学生的内心感受,学生的文字也随之变得生动起来。

在这样跌宕起伏的"学习场景"中,学生每一次的深刻体验之后,老师都不失

时机地进行习作的分享,展开师生之间的对话。通过互动、交流、碰撞,实现了多种视界的沟通、汇聚、融合,从而促进学生建构、生成一些新的认识与感受。这样的分享与对话是有温度的,学生习作千篇一律的现象不见了,我们看到、听到的都是学生极具个性化的表达。可见,场景重构后,学生的写作不再僵化,学生的思维感受变得鲜活起来,语文味十足。

(四) 场景重构,构出了"德"味

有温度的课堂一定是能无声润泽童心的。在上述案例中,当学生知道试卷上的分数并不是最后的分数,还要减掉作文分而紧张、害怕时,老师说:"同学们,谁能与大家分享一下你此刻的心情吗? 如果你的分享打动了老师,说不定老师能给你的作文加分哦!"当同学都说没有考出好成绩是因作文没写好时,老师说"有一个办法可以补救","如果今天大家回去把刚才发试卷的过程完整地写下来,写出自己心儿怦怦跳的真实感受,那么我会按照大家新写的作文进行扣分"。这样的话多么富有人性,这样灵活的评价机制给了学生多少的温情啊。相信学生们一听这话,肯定如沐春风。老师的宽容体谅无形中在学生心里树立了良好的形象。老师的容错、学生的尽全力改进也成了本堂课中一道亮丽的风景线。

有温度的课堂一定是"主动育人"的课堂。面对学生在发试卷过程中表现出来的真情真态,老师不失时机地利用这一资源进行了积极的引导,及时抛出问题"拿到试卷后,只看成绩行吗",并让学生辨析交流。学生的发言诸如"认真地去分析试卷,看看是哪些地方被扣分了,失分的原因是什么,是不会还是粗心造成的。如果不会就请教老师或同学,把不懂的搞懂",等等,其实就是我们老师想教育他们的话,只不过是换一种形式,让学生成为思考者、辨析者、教育者。说这些话的学生既教育了自己,也教育了别人,完成了从学习习作到学习做人的超越。

三、延伸重构:维系写作的热度

这个创意习作课堂的故事到此不是结束,而仅仅是个开始。

这一次的经历,让我在享受满满成就感的同时,也激起了我无限的动力。习作也并不是说有多难教,而只是没有找到适合学生学习的路径与策略。基于"儿童立场",连接学生的生活,对儿童的习作"学习场景"进行重构,就是一个不错的策略选择。自此,每一次的习作教学,为了让学生"亲历其域"且"知之益明",我都根据教学实际精心重构学习场景。如图3所示:

习作题目:《我的乐园》

场景重构:开展"走遍校园"活动,学生化身"小导游",向班里同学进行"我最喜欢的校园的一角"主题分享,锻炼学生的观察能力、表达能力,建立起对学校的热爱之情,生发人文意识、家国情怀。

习作题目:《我的动物朋友》

场景重构:开展"和动物交朋友"活动。每个人找一个动物做朋友,每天照顾它、观察它,并把所见所闻及相互之间发生的趣事记录下来。经过一段时间的相处后,再进行动物朋友达人秀。

习作题目:《游×××》

场景重构:开展游"湖镇老街"活动。每天放学回家都在家人陪伴下去老街走走看看,并把印象最深的一处以拍照的方式记录下来,回家以后再用文字描述出来。第二天到学校进行"湖镇老街"主题分享与交流。

图3 延伸学习场景

"教育不是灌输，而是点燃火焰。"经过几次习作实践，学生的学习欲增强，写作热情空前高涨，写作质量明显提升。

在一次次的实践中，我也更加深刻地体会到：

第一，场景重构，需让学生的身体在场。

重构后的"学习场景"必须让学生的整个身心都"在场"。这种"在场"是身体性的，是与时间、空间互嵌的。只有当学生整个身体都处在我们重构的"学习场景"中时，他们才能充分调动感官，去听，去看，去思考，去学习，去发现，去创造。如此，美好的学习自然就发生了。

第二，场景重构，需让学生的思维上线。

为学生创造一个习作"学习场景"，我们就必须精心预设，让这个"学习场景"成为学生思维的源泉。如上述案例中，一场小测试无疑是一场非常日常非常平凡的"物型世界"（即人为构建的物型环境和物型场景），而巧妙地利用这一"物型世界"就会使之成为学生学习的载体和场域，激发学生脑思维的运转，增强学生的主观感受，并依托这个场景促进持续思考和意义建构。

第三，场景重构，需让学生的学习望远。

教师在构建学习场景的过程中应具有课程意识，将习作内容与学习时空有机融合，实现学习方式的转变，帮助学生实现高兴趣、高创意、高频次、高维度的学习，让学生在沉浸式、交互式的学习中，产生内驱力、习作力。就如上述案例，看似漫不经心，实则用心用情。学生在一长串即时建构的"学习场景"中，一波三折，起起落落，在积极参与的过程中发展获取知识的敏锐度和能力。

第四，场景重构，需让学生的德性生长。

好的学习场景会潜移默化地影响环境中的每一个学生的价值观。在这样的场景中，学生能不断增强行为能力，唤醒心中的内动力，由内而外地改变自己。

总之，要基于"儿童立场"去重构学习场景，发挥场景学习的习作效应，以生动活泼的方式打开学生的心灵，让习作学习得以自然发生。这样的课堂是充满温情的。

正如一个学生所说："我觉得这不像是在写作文。这样的学习很有趣，这样的作文也很有意思。"

参考文献

［1］沈炳军.以人为核心：学习场景建构的关键要素[J].教育视界,2021(41):35-37.

［2］龚莉娜.建构学习场景要与学习内容逻辑相关[J].教育视界,2021(31):38-40.

李芳　浙江省衢州市龙游县启明小学　语文教师　教龄33年

6.

月亮的味道甜蜜蜜

——勇敢创造教学"共可能"

作为一名有着 23 年教龄的"资深"幼儿教师,在阳光里一遍遍地过,土地上一遍遍地打滚,是不是会有越来越多的"理所当然",越来越多的"教学定势"? 以为凭借这么多年的经验,对幼儿有了绝对的了解,完全能把握发生在所有既定环节当中的教学事件;经常会因为工作的琐碎繁忙、教师本体的思维方式而陷入"复制形式"。这是真实发生在包括我在内的许多一线教师身上的教育状态。但"孩子,是由一百种组成的。一百种,总是有一百种,一百种倾听、惊奇、爱的方式,一百种歌唱与了解的喜悦",我们是否缺少了那么点初入幼儿世界的热情与冲动,而多了些经验主义的傲慢呢?

我想,当我们开始拒绝重复时,当我们愿意倾听每一个孩子的声音时,当我们因为孩子灿烂的笑容而感动时……教学的勇气就会喷然而出,一股温暖而有力量的信念会让我们去追求与孩子融为一体,做一些"冲动而伟大"的决定,创造属于老师和孩子们能共同深刻体会到的快乐与幸福。

在开展小班"月亮的味道甜蜜蜜"中秋节课程实践中，一次次的矛盾与纠结，一遍遍的尝试与制造，让我再一次体味教育者的初心，真切地看到了一粒细沙中的世界，感受到了一朵小花中的天堂，从而不断靠近教育智慧，创造和孩子们在一起的无限可能。

一、是趋同，还是碰撞？我需要走出教学的舒适区

2021 年的 9 月，我又迎来了一群天真烂漫的小宝贝。正在全身心地忙着让孩子们停止哭泣，试图让孩子们喜欢这个新环境，接纳同伴并对老师产生信任时，"中秋节"到了。有一个声音对我说："这么忙，他们这么小，吃个月饼，和嫦娥姐姐拍个团圆照，就行了，反正中班、大班还是会再过'中秋节'的，现在就让他们图个热闹，大家团团圆圆在一起开心就好！……"惯性思维，让以往的活动形式瞬间出现在眼前，毕竟对于拥有二十多年教龄的我，这些都是烂熟于心的。

（一）聆听跳跃的孩子，生发鲜活的教育可能

当我举棋不定的时候，一次午后阳光下的闲聊，触动了我。"宝贝们，我们马上要过中秋节了，你们开心吗？"我抱着一个一早哭着来园的孩子，抖抖腿，乐呵呵地想要哄他开心。我继续说道："对了，你们知道什么是中秋节吗？"就是这么随口一问，竟然有四五个孩子开始七嘴八舌地喃喃细语起来："吃月饼，月亮是圆圆的。"我感到惊讶，原来孩子们是有经验的。我有些激动，开始认真地问道："月饼是什么样子的？ 月饼好吃吗？ 是什么味道的？"刚问完，几个热情的小娃娃就扑到我的身上，不停地说道："圆圆的，好吃的，甜甜的，草莓味、香蕉味……"他们开始把自己能想到的味道都说了出来。突然，一个可爱的声音说道："是月亮的味道。"

"月亮的味道?"太神奇了,我被这跳跃的答案吸引,忙回应道:"那月亮又是什么味道? 难道是月饼的味道?"孩子们笑了,连忙说:"不是的!"我又孩子气地抖抖腿说:"你们怎么知道不是呢? 去尝一尝好吗?"一个叫元元的孩子瞪大了眼睛,立刻大声回答道:"好呀,吃月亮了! 哈哈哈……"操场上被我们的笑声填满了。

此时,我的心中产生了一种强烈的愿望,那就是:和孩子们一起尝尝"月亮的味道"!

当孩子酣然入睡后,我突然对自己"复制形式"的想法感到有些羞愧。作为教师,我们的心中需要每时每刻都装着孩子,不厌其烦地去重复询问可能在我们脑海中已经觉得有了答案的问题,真实地倾听孩子们内心的想法,这样才能真正地了解他们。因为当下,我所面对的孩子不是记忆中的那些三岁孩童,他们就是他们,是鲜活的生命个体,正在等待着老师去发现其中的宝藏,和他们一同创造奇迹。

(二) 反复思考追随,燃起师幼梦想

和每一个孩子说完"再见"后,我便埋头思考,想要找到孩子们喜欢的"月亮的味道"。幸运的是,我真的找到了一个故事,这个故事的名字恰巧就叫《月亮的味道》。故事中,小动物用叠叠高的方式到达月球,品尝月亮的味道。故事的内容和语言表达方式都适合小班孩子的理解水平。我如孩童般雀跃起来,想着明天一定要和孩子们分享。"好好和孩子们过个中秋"的信心重新燃起来了。

但说完故事,中秋节就算完成了? 刚入园不久的小班孩子到底需要过一个怎样的中秋节? 中秋节和他们当下的发展又有怎样的联系? 反思当下正在进行的"小宝宝"主题核心目标,我再一次思考过中秋的意义。我似乎找到了两个内容皆有的目的,也是孩子当下正需要的发展需求——喜欢上幼儿园,感受和老师、伙伴在一起的美好(团圆)。那就过一个能让孩子们爱上幼儿园、在幼儿园玩起来、觉

得特别高兴的中秋节吧！

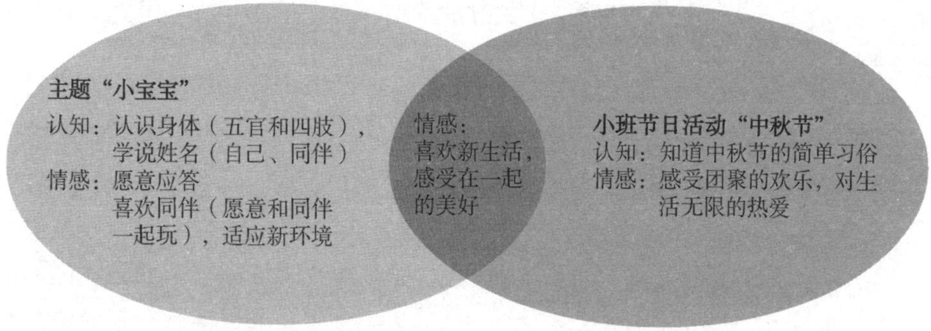

主题"小宝宝"
认知：认识身体（五官和四肢），
　　　学说姓名（自己、同伴）
情感：愿意应答
　　　喜欢同伴（愿意和同伴
　　　一起玩），适应新环境

情感：
喜欢新生活，
感受在一起
的美好

小班节日活动"中秋节"
认知：知道中秋节的简单习俗
情感：感受团聚的欢乐，对生
　　　活无限的热爱

图 1 "小宝宝"主题和"中秋节"活动的联系

"用心认真地去倾听每个孩子的内在想法"，或许是我们平等而开放地与孩子们开展一项课程最好的一种方法吧！纯真有趣的话语会瞬间打开我们的视角与思维，让我们柳暗花明，重现教育智慧的火花。此时，我暗暗提醒自己无论我们做老师有多久，和孩子在一起的每一天里，就都要去认真倾听、发现孩子，克服经验主义，不断思考孩子的需要与活动目标之间的联系，这样才能孵化出一项贴合孩子的走心课程。走出舒适区，中秋节日小课程悄悄地开启了。

二、是转移，还是同频？让我们一起走进教学的共同体

又是一个阳光明媚的午后，我们说完了故事《月亮的味道》，"去月球"的想法就成了我和孩子们共同的愿望。"我要乘坐直升飞机飞到月亮上""戴顶彩虹帽子就能上月亮了""超级飞侠会带我们去的""要坐火箭的，像航天员一样"……孩子们竟然想出这么多好玩的方法去月球。除了去月亮上和小动物们一起尝尝月亮味道的愿望，似乎已陷在故事情节里无法自拔的孩子们产生了更多的愿望："去月

亮上抓颗星星送妈妈""摸一下云""到月亮上打滚""一起造房子""做宇航员""看看月亮上的大石头"……这些我从未想过的事情却真实地出现在我耳边。我既惊讶又惊喜,难道这个中秋节我们真的要去月亮上做这些"离谱"的事情吗?

(一) 靠近创想,努力把微观视界点亮

　　需要继续追随吗? 还是让中秋节活动到此为止? 我又陷入两难困境,回到原点,继续思考。既然希望孩子们爱上幼儿园,那在幼儿园帮助孩子们完成他们的心愿,让他们快乐地玩起来就一定不会错。于是,我便和搭班老师仔细罗列了孩子们的愿望,细细琢磨,发现不难实现。我们用了硬纸板做了几颗星星挂在秋千上;放几块垫子变个小斜坡让孩子打滚;搬些大积木放在操场上;找来社团里的假石头;弄来一些棉花云朵……对了,再画个大大的月亮。就这样搬搬弄弄、涂涂画画,"月球"造好了,我和孩子们都眼前一亮。看到孩子们高兴地拍手叫好的模样,我突然感觉我们是了不起的老师,是能用行动为孩子点亮梦想的老师。

图 2　模拟"月球"场景

(二) 游戏体验,记录同频共振的快乐时刻

　　当一群小娃娃懵懂地走进"月球"开始欢度中秋佳节的时候,我又一次不禁为自己和同伴老师有这样的行动感到骄傲。在孩子们的脸上,我看到的是高兴,是惊讶,是满足,是自豪,是好奇,是兴奋……咔嚓、咔嚓,我迫不及待地用相机记录下孩子们快乐的瞬间，并手脚并用地加入其中，和他们一起玩起游戏。此时，这些入园还没满月的孩子，每一张小脸上都挂着笑容，喜爱的心情随处可见，我们真的团圆在一起，一个欢乐美满的中秋佳节产生了。

图3　孩子们快乐过中秋

理解孩子的"天真无邪"真的会增强我们的教育信念以及课程实践的动力。当我们在实践课程过程中觉得"做不下去"时，千万别气馁。与其不停地用信息和自己的想法把空间填满，或是想要告诉孩子该怎么做，不如跟着孩子一起想、一起做。

这样的玩耍，能满足孩子在熟悉环境中找到安全感的需要；满足孩子被同伴和老师认识以及认识同伴和老师的需要；满足孩子好奇、安心游戏的需要……满足这些需要是感受快乐、感受团圆在一起的前提，也是我们希望孩子获得的近期发展目标；满足这些需要或许还是孩子入园后能"获得主动感，体验自我实现"的开始。当这些有趣的想法变成游戏后，就把课程目标和孩子当下内在发展需要以及长远可能发展方向都糅合在了一起,这样的活动值得我们去探索、去尝试。只有真实地创造课程内容,并和孩子一起经历,才能发现孩子们为什么欢笑、为什么激动,才会体会到这简单而纯真的快乐。和孩子同频共感的体验过程是课程实践中不可缺少的神妙之旅。

三、是满足,还是延续? 请坚定地去创造更多可能

中秋节课程进行到这里,似乎快乐的游戏已让孩子获得了许多体验,活动已在高潮中。翻看照片,我禁不住笑了起来,这些小娃娃的"登月"盛事值得回味。下午再一起吃个月饼,回家和爸爸妈妈过个中秋,活动就完美结束了。正在我信心满满地整理课程内容,准备完满收场时,觉得似乎遗漏了什么:孩子们游戏后,他们知道了些什么? 他们还会想在中秋节做什么? 对于这些,我并不知道。但是,这么小的孩子他们能表达吗? 我用什么方式来了解呢? 了解后我又可以怎么做呢?

(一) 回忆再造,孩子是课程最好的评价者

经过和同伴老师的一番探讨后,我们决定在吃月饼前问一问孩子引发中秋活动课程的初始问题:"月亮的味道是什么?"当我们围坐在一起看着上午活动的照片,嘻嘻哈哈、说说笑笑时,我再一次感受到从未有过的惊喜。

"(月亮的味道)是软软的,像棉花糖一样。"小金说道。

"月亮的味道就是和小兔子一起跳呀跳。"小袁说道。

"月亮的味道还是咚咚咚很硬的。"小董说道。

"(月亮的味道)和星星的味道一样,是很甜的。"小宋说道。

……

"是呀，月亮的味道是我们一起摘星星跳呀跳，月亮的味道是打个滚笑眯眯，月亮的味道还是躲起来悄悄地不被发现。"我情不自禁地随着画面，跟着孩子们的语言风格补充着、讲述着。月亮的味道如动画片一般闪烁着，如此生动的表达是我和以往的孩子都未曾有过的。当我们一起品尝美味的月饼时，还在回味当时的欢乐。孩子们用最质朴的语言讲述着画面中的自己，完美地解释了"月亮的味道"。诗歌一般的语言从 3 岁孩童口中迸发，此时，我和孩子们的心中都像口中的"豆沙月饼"一样香甜，他们给这次课程做了一个最棒的评价，月亮的味道甜蜜蜜地由心萌发。

图 4　品尝"月亮的味道"

（二）多元表征，让美妙的体验看得见

让孩子带着美好的体验回家与父母分享，我们还要再做些什么？于是，我们用录音记录下班级里每一个孩子想要和爸爸妈妈过中秋的想法，并让他们用可以胜任的拼拼贴贴的方式，贴上自己的头像和云朵，制作了一个"圆圆的月亮"带回家。听着宝贝有趣的想法，看着宝贝可爱的活动，爸爸妈妈也兴奋地陪伴着宝贝过了一个快乐而又甜蜜的团圆节。节后，这些和家人的故事，又成为我们彼此间最生动的话题。一路走来，这份来自幼儿园的节日初体验成了我们所有人都看得见、道得出的一份美好。

图 5　带回家的"月亮"

　　就像这个课程故事一样,我们在与孩子的互动中,往往会因为活动过程本身的成功而满足,以为自己已经收获很多。其实,我们完全可以再多问问孩子"你知道了什么? 你还想要什么",再多问问自己"我看到了什么? 我还可以做什么"。那不是贪心,而是对教学的热情。就是这又多一次的回忆交流过程,创造了属于我们的"甜蜜蜜的诗篇",形成了一个较为完满、充满激情的"月亮的味道甜蜜蜜"的课程故事。只有经历了不同,才能创造出不同,我们需要经历。

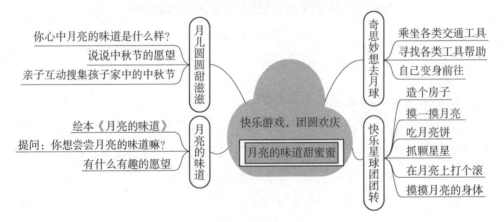

图 6　"月亮的味道甜蜜蜜"课程故事

　　中秋过后,我们班已经没有孩子因为分离焦虑而哭泣,他们会开心地去玩想玩的玩具,会要求老师为自己录音发给爸爸妈妈,有时还会把自己带来的玩具给老师看看……幼儿园好像已经成为他们第二个"家园"。此时,孩子们也开始生长在老师的生命里,一言一行牵动老师的心,彼此融合,变得熟悉而温暖。月亮的味道甜蜜蜜,教学的过程乐滋滋,幼儿园的生活暖洋洋。团团圆圆在一起的中秋节活动打开了三年幼儿园时光的大门,让我们一起从容地迈出了成长的第一步。

　　一切可见的事物都蕴藏着看不见的富足,只要我们愿意脚踏实地地探知实践,就会发现日日在我们身边的形神皆美的童真世界。在这个浮躁的年代,我能这样带着孩子们一年又一年地成长,是当下温柔成长而又有力量的礼物,是照亮远方的光芒。愿像我这样虽然"资深"但仍拥有勇气的幼儿教师,能一直敬畏童心,找到和孩子们同频共振的自信,努力创造与孩子们在一起的无限"共可能"。

余洁　上海市黄浦区荷花池幼儿园　幼儿教师　教龄 23 年

7.

思变·求索

——创生有人文情怀的学习空间

缘起:"那关键性的35秒"

一次,我在为学生准备阅读材料,那是方可成的《不通人性的机器》。故事的开头是这样的,请大家放慢脚步,我们再一起读读:

> 一架载满乘客的飞机从纽约起飞后遭遇鸟群撞击,两台引擎全部失灵,英雄机长奇迹般地实现了水上安全迫降,这是电影《萨利机长》讲述的真实故事。

> 不过其后,机长被质疑:为什么不返航拉瓜迪亚机场,而要冒险迫降?听证会上,机器完美地还原了当天飞机遭遇鸟群撞击之后的高度、速度、角度等数据,以及天气、风向等外部环境。结果表明:这架飞机完全可以成功返航原机场。

眼看萨利机长就要声名扫地,这时他指出了一个关键因素:人不可能像机器一样毫无感情地作出最理性的选择,而是需要时间进行反应、思考、判断。果然,将人的反应时间考虑进去,机器显示,水上迫降成为唯一的选择。

萨利机长指出的这个关键因素,对于从事一线教学的我,犹如当头棒喝!

有多少次,我们期待问题一出,学生马上对答如流;当学生磕磕绊绊时,我们以"时间有限"为由打断他们。而萨利机长给我们上了深刻的一课:我们平日里对学生的期待,或许只有机器才能做到。而学生是有个性、有情感的人,他们的思考、判断需要时间。

机器不懂人性并不可怕,但是如果学生被当作机器,课堂缺乏人文情怀,那将是十分可怕的一件事。如果我们能尊重学生,尊重学习规律,给学生留出时间,就像在萨利机长的听证会中加入人的考虑时间,即那关键性的 35 秒一样,结果可能完全不一样。

萨利机长那关键性的 35 秒,成为我教学生涯的一次分水岭。之后,我时刻提醒自己:学生不是机器,我们只有洞悉学情,尊重教育工作的复杂性,还原语文教学的丰富性,才能创生有人文情怀的课堂,取得理想的教学效果。

一、减速——静待课堂的思维花开

以往,课堂总在得到所谓的标准答案中结束,学生思考的多样性被忽略,个性化表达的机会被剥夺。创生有人文情怀的课堂,应从改变这一惯性做法入手。

我和学生一起读纪晓岚的《阅微草堂笔记》,这节课读到《河间有游僧》:

河间有游僧,卖药于市。先以一铜佛置案上,而盘贮药丸,佛作引手取物状。有买者，先祷于佛，而捧盘近之。病可治者，则丸跃入佛手；其难治者，则丸不跃。举国信之……其佛手必磁石为之，而装金于外。验之信然，其术乃败。

读后，大家围绕两个问题展开了讨论。

问题1：说说"举国信之"的原因是什么。

问题2：故事带给我们什么启示呢？

听着几个发言踊跃的孩子在为游僧的"其术乃败"的结局叹惋，并且纷纷说着"骗术是终究会被揭穿，是不能长久的""我们要学会运用科学知识解决问题""遇到问题我们要善于思考和探究"等接近标准答案的启示，我的内心是纠结的：答案已经得出，下课时间临近，按照惯例，这篇文章似乎可以结束了。

但是，内心却还有一种强烈的期待：课堂上有近四十人，一定还有不同的见解。我决定再等一等。下课铃响起，大家自由休息，我则留在了教室里。终于，小崔同学跑上讲台来找我："老师，我觉得游僧不是坏人，他是在以自己的方式帮助病人。他以'病可治者，则丸跃入佛手；其难治者，则丸不跃'这样神奇的方式给药，是要让病人相信自己的病是可以医治的，在这个基础上，丸药才能起到更好的作用，这叫先医心，再医病。"

他鼓足勇气讲完了，从他的神采里，我看到了学习与思考在他身上真实地发生着。

第二节课上，我调整了原本的授课计划，让小崔先给大家讲讲。或许是看到小崔的见解得到认可，其他孩子也主动发言，表达质疑："老师，我觉得游僧的药也有一定疗效的，大家口口相传，所以才会'举国信之'；如果一次两次医治无效，给药仪式再神乎其神，百姓肯定也是不会信的。这一点，作者或许出于写作意图的考虑，并未提及而已。"

我欣喜地看着孩子们或兴致勃勃地讨论，或沉思，这才是青春该有的样子。课堂上我们面对的，是有思想、有情感、有个性的青少年，放慢上课的节奏，让他们有个性化表达的机会，学习才会真实发生。如此，我们才有机会看到课堂的思维花开，让课堂的张力逐渐显现，使教育不会失去温度。

二、体悟——融通语文和诗意自然

放慢课堂节奏，是我们创生充满人文情怀的语文课堂的路径之一。但是求索并没有止步。因为，我们发现"自然缺失症"正在给语文教学带来严重的困扰。

读苏轼的《水调歌头·明月几时有》时，对于词里描写月光流转的那句名句"转朱阁，低绮户，照无眠"，有学生表示不能体会，我大为疑惑。学生说："老师，月亮都被高楼挡住了呀，我几乎看不到月亮。"读白居易的《钱塘湖春行》时，对于诗里那句写早春典型景物的句子"几处早莺争暖树，谁家新燕啄春泥"，也有学生遗憾地表示："老师，我没有机会看到这样的画面。"类似的例子不胜枚举。当"宅"的生活方式逐渐蔓延，"刷题"成为他们主要的任务时，课堂中的学生与自然的距离越来越远。由于割裂了与自然的联系，学生的阅读感知能力正在下降：他们感受不到花鸟虫鱼的细节之美，体会不到新发现的快乐，更不要说对诗文中描写的自然和四季有深刻的体悟。

融通语文和自然的联系，必将有助于增强学生的阅读感知能力，进而提升他们的文学素养。我们利用校内外的公共资源，依托学校的无边界课程，开设了小专题探究。于是，"感悟古诗文里的朝暮之美""抒写古诗文里的四季之美""摹画古诗文里的梅兰竹菊"等"微"实践诞生了。

"晓雾将歇，猿鸟乱鸣；夕日欲颓，沉鳞竞跃"（《答谢中书书》），"日出而林霏开，云归而岩穴暝"（《醉翁亭记》），都是写晨昏景物变化之美，师生带着诗文，一起走进自然,去观察记录自然的晨昏,去抒写自己的思考。"野芳发而幽香,佳木秀而繁阴,风霜高洁,水落而石出者"(《醉翁亭记》),"掇幽芳而荫乔木,风霜冰雪,刻露清秀,四时之景,无不可爱"(《丰乐亭记》),都是写一年之内的四季变化之美,我便引导学生辨析二者在写景上有何异同。细读之后,学生发现:《醉翁亭记》的描写,一句一季景色,抓住每个季节具有特征性的景物,直接描写四季景色之美;《丰乐亭记》的描写,一句两季景色,且分别通过人的动作和心理感受,从侧面突出四季景色之美。通过学习分析,学生有了触摸记录四季的方法。我顺势设置了一项长作业:为期一年,主题为"触摸四季的温度,记录春秋更替的思考"。基于长作业,学生通过讨论,又按照季节分出四个小主题,学生围绕每个小主题去大自然中行走,用文字,用镜头,去记录季节更替,景致流转。

表1 "触摸四季的温度,记录春秋更替的思考"的四个小主题

季节	小主题
春	春在行走——无边光景一时新
夏	夏在行走——艳在炎天暑地中
秋	秋在行走——数树深红出浅黄
冬	冬在行走——节变岁移冬阳暖

学生的记录始自一粒种、一颗芽、一根茎、一片叶、一丛花,尔后走进炎炎暑天,走进绚丽秋叶,走进沉静的冬水和暖阳,再走出一个新的春天。我们惊喜地发现,创设合理的实践作业,犹如在自然和古诗文之间搭了一座桥。它打破了"自然缺失症"的困境,引领着学生在自然中学习、观察,在行路中体悟。这样的实践,极大地增强了学生的阅读感知能力。

三、共情——结交古诗文里的苏轼

每个初三孩子，几乎都能准确无误地写出苏轼的字号。对于大苏的代表作品，孩子们也能如数家珍。可是，当再接着问"你从他的作品中读到一个怎样的苏轼"时，学生要么只有只言片语，要么就沉默不语了。这是当前语文教学的一个普遍问题。学生对前两问的"准确无误"和"如数家珍"，是在应考中磨炼成的，至于苏轼是怎样的人，则几乎没有时间琢磨过。

如果教学"只见分不见人"，就丢失了温度。苏轼，抛开"豪放派词人""文学家"和"唐宋八大家"等响当当的名号，他首先是一个人。我们背了他的诗文，又错过了他，这实在是一种遗憾。改变这种现状，是我们的另一种探索。

我们的课堂要提供一个平台，让学生去结交古诗文里的苏轼，产生共情。于是，当我教授《记承天寺夜游》时，同时链接了苏轼的《与章子厚》：

> 某启：仆四居东坡，作陂种稻。有田五十亩，身耕妻蚕，聊以卒岁。昨日一牛病几死，牛医不识其状，而老妻识之，……一向便作村舍翁，老妻犹解接黑牡丹也。言此发公千里一笑。

在《与章子厚》里，苏轼以轻松洒脱的文字，饶有兴致地向友人讲述村居生活的琐事、趣事。再看课文《记承天寺夜游》，学生就会发现：同样是在贬官境遇中，课文里的苏轼能与同是贬官的张怀民悠闲漫步，沉醉在美景之中；《与章子厚》中的苏轼以过着男耕女织的村居生活为乐，甚至把病牛戏称为"黑牡丹"。学生从中便更能体会到苏轼是一个能在逆境中保持对自己精神世界的自得与坚守的人。

一个乐观旷达、风趣幽默的人，谁能拒绝？果然，围绕苏轼，学生来了兴致，开始追问、探究、交流。我专门留出两节语文课,畅谈苏轼。酷爱文言文的小方同学还拿来《赤壁赋》,与大家分享:1082 年,苏子与客泛舟游于赤壁之下,在那个白露横江、水光接天的秋夜,他帮助朋友完成了一次精神上的突围。自 1082 年后,苏轼正式成为"苏东坡",人生开始了完全不一样的境界,虽然一路有风有雨,但是他依然吟唱着"一蓑烟雨任平生""也无风雨也无晴"。大家听着,都不由得为苏轼竖起了大拇指! 至此,学生对大苏的乐观旷达有了更进一步的体悟。苏轼,深深地打动了作为"人"的学生的心灵,吸引他们去读、去背、去体味古诗文,也使他们在求学拼搏之路上从此多了一个朋友。

不仅学大苏如此,学陶渊明的《桃花源记》,我们结交了闲静少言、不慕荣利的"五柳先生";学刘禹锡的《陋室铭》,我们结交了那个被贬和州,被迫搬家,还依然写下"垂柳青青江水边,人在历阳心在京"的刘梦得……

当遇到的每个作家不再只是一个符号时,当语文课原本的丰富性得以呈现时,当学生有机会结交作者之后再去理解其作品时,课堂才具有人文情怀,教学内容才会生发出新的光彩,教学才会鲜活灵动而有温度。

四、缘径——涵养勇于担当的品格

每一轮教《曹刿论战》我都有新的体会。但是一轮轮下来,我清醒地意识到,学生卡在了对曹刿"位卑无敢忘忧国"可贵品质的理解上。对于这一真实的学情,教师不可视而不见。

对于曹刿主动请缨、参与并指挥长勺之战的选择,课文中乡人、鲁庄公和作者都有鲜明的态度;帮助学生理清这三种态度,是理解曹刿的过程,也是帮助学生树立一种正确的价值取向的过程。

为此,我设计了如下学习路径:请同学分别从三个角度探究人物的精神魅力。

学生对这问题的探究是深入而可喜的。

表 2　三个角度看曹刿

不同角度	对曹刿的态度	依据
乡人看曹刿		
庄公看曹刿		
作者看曹刿		

（一）关于乡人对曹刿的态度的探究

课文开篇写道：

> 十年春，齐师伐我。公将战，曹刿请见。其乡人曰："肉食者谋之，又何间焉？"

学生发现，从"肉食者谋之，又何间焉"这句语言描写看，曹刿的同乡认为"不在其位，不谋其政"。国与国之间的战争，自有国君和其他当权者去谋划，你曹刿一介平民，又何必参与其中呢？他对曹刿的"请见"行为表示疑惑，甚至否定。

我问学生："如果你是曹刿的同乡，请问你会持什么态度？"

对此，学生给出了以下观点：

> 观点 1：我也会和文中的乡人有同样的看法，这不是曹刿的职责，何必多管闲事？
>
> 观点 2：我担心曹刿主动请见的行为会招致嫌弃和排挤，这不是抢别人的

饭碗吗?

观点3:我如果有指挥作战的才能,就会期待"刘备三顾茅庐"或者"齐桓公五往而见小臣稷"那样的故事情节,等着国君带着诚意来找我。我不会毛遂自荐,觉得有些冒失,万一被拒绝也会有失颜面。

······

这一真实的学情,正是学生学习《曹刿论战》的起点。在以往的教学中,一般对此一带而过。我们究竟该以什么样的态度看曹刿?如果仅仅停留在乡人的角度,为何作者还要塑造这一人物?如果大家都选择和乡人一样的态度,停留在这样一种认识上,那么经典作品培根铸魂、启智增慧的作用如何体现?

显然,教学不能止步于此,我继续追问。

(二) 关于庄公对曹刿的态度的探究

探究继续,学生发现,"乃入见"这简单的三个字,透露的信息却很丰富。当曹刿主动请见的时候,庄公接受了拜见,而且初次相见,庄公没有因为他是一个平民且名不见经传而拒之门外,而是以礼相待,曹刿这才有了参与论战的机会。

曹刿问"何以战"后,庄公和他之间有这样一组精彩的对话:

公曰:"衣食所安,弗敢专也,必以分人。"对曰:"小惠未遍,民弗从也。"公曰:"牺牲玉帛,弗敢加也,必以信。"对曰:"小信未孚,神弗福也。"

公曰:"小大之狱,虽不能察,必以情。"对曰:"忠之属也。可以一战。战则请从。"

作为一国之君的庄公,面对曹刿"小惠""小信"的刺耳否定,依然能虚心接受他的建议，说明庄公听出了曹刿话里强调的是民心，看出了曹刿具有远见卓识，值得信任。同样在战场上，面对曹刿的二次"未可"及二次"可矣"，他不恼不怒，甘当配角，用人坚定，说明他对曹刿是信任与欣赏的。

学生出此得出：从庄公的角度看曹刿，看到的是值得信赖、有远见卓识、愿意为国效力的曹刿。

从乡人对曹刿选择的疑惑，甚至否定，到庄公对曹刿的信任与欣赏，学生逐渐理清了我们究竟该以怎样的态度来看曹刿。无论是乡人，还是庄公，他们都是作品中的人物。接下来，我们跳出作品本身，来看看作者是如何表达对曹刿的态度的。

（三）关于作者对曹刿的态度的探究

曹刿指挥的这场以弱胜强的"长勺之战"，历史上是如何记载的呢？

学生发现，《春秋》里只有一句话：

> 十年春，王正月，公败齐师于长勺。

相比而言，选自《左传》的《曹刿论战》却要细致得多。《左传》保存了重要的历史资料，具有一定的史学价值。同时，它善于剪裁，叙事清晰，描写人物生动，具有一定的文学价值。通过比较，学生也发现：作家对材料的剪裁，都是基于特定的写作目的，隐含着作者的褒贬之意。

曹刿虽是一介平民，在国家危难之际却能挺身而出，为国解忧，主动"论战"，参与军国大事的谋划，显然作者对曹刿这种"位卑未敢忘忧国""铁肩担道义"的责任心是高度赞扬的。学生缘径而行，完成三个角度的探究，其认识上了四个台阶，如图1所示。

学生经过一路探究，从对曹刿的不解质疑，到认同、理解和赞赏，乃至践行，对

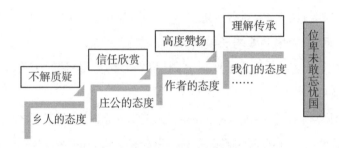

图 1　学生对曹刿的认识

曹刿的理解不断深化。由此可见,优秀传统文化的理解与传承,需要我们铺设合适的、有层次的学习路径,帮助学生理解判断,这样优秀传统文化才能重新焕发生命力。

五、结语

以往,我们把学生仅仅看作学习任务的完成者,教师的任务就是教课,就是传授知识、培养能力。我们关注最多的是学生的学习活动,学生的情感、心理、个性等或是被忽略,或是被置于次要地位。而学生的任务就是学习,甚至是以听代思的学习。学生处于被动状态,课堂上缺乏人文关怀,这导致教育逐渐失去温度。

教育困境,如何破解?

不管教什么内容,我们都须在"思变""求索"上下功夫,在教学中融入老师的智慧,师生一起减速、体悟、共情、缘径,创生丰盈而温暖的学习空间。

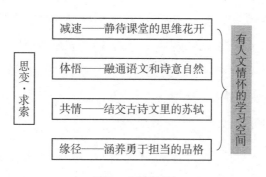

图2 本课思路

第一,减速,静待课堂里的思维花开。老师要时刻记得,自己面对的不是学习机器。除了分数和作业,他们还有丰富的内心世界,他们正处于人生中最美好的年华。当我们创设的课堂给他们思考和表达机会的时候,当他们被看作有思想、有情感、有意志、有个性的人的时候,他们才会全身心地投入学习活动,愉快地吸取知识,发展能力,形成人格。

第二,体悟,融通语文和诗意自然。依托学校的无边界课程,我们开设小专题探究,帮学生摆脱"自然缺失症"。让学生在抬头时能感悟月光流转之美,在早晚能感悟朝暮变化之美,在行走时能感悟春秋更替、景致变换之美……这样的实践,不仅能恢复和提升学生的阅读感知能力和想象力,还能让他们的身体和心灵都在大自然中得以舒展,从而渐渐远离敏感、孤独和焦虑。

第三,共情,结交古诗文里的苏轼。教师应努力去设计教学,或横向链接,或纵向深究,让"大苏"不再只是符号,让学生有机会从一篇"文",读到"一个人",乃至读懂"一种人生的态度与追求"。这样,学生对古代文人的认识,对人生的思考,对人与人之间关系的厘定,对生活价值的评判,都会有新的体验。

第四,缘径,涵养勇于担当的品格。学生对曹刿"位卑未敢忘忧国"的可贵品质的理解停留在浅层,这是真实学情。优秀传统文化停留在文字里,这也是学情。

语文课堂,不能忽视学情。相反,我们要从学情出发,设置有梯度的学习路径,放手让学生从不同角度层层深入、探究思考,自己得出结论,使学生在认识、评价历史人物的过程中,学习民族的传统美德与高尚品格,提升情感态度与思维水平,涵养勇于担当的社会责任感。

君子曰:"学不可以已。"

思变,求索,是一条漫长的路,而我们才刚刚起步。

参考文献

［1］格兰特·威金斯,等.追求理解的教学设计(第二版)［M］.闫寒冰,等,译.上海:华东师范大学出版社,2017.

［2］中华人民共和国教育部.义务教育语文课程标准(2022年版)［S］.北京:北京师范大学出版社,2022.

［3］沈祖芸.让教育真实地发生:北京十一学校的教师智慧［M］.北京:中国人民大学出版社,2016.

周燕　上海市卢湾中学　语文教师　教龄 14 年

8. 于立德树人之高度,铸历史课堂以温度

——基于"抗美援朝"教学设计的思考

历史课堂作为培养学生家国情怀、达成立德树人任务的阵地之一,具有天然的优势。但是根据笔者的观察,为数不少的历史课堂尤其是党史学习教育,干瘪乏味、空洞冰冷,看似"高大上",实则"假大空",这不利于培养学生对党的历史、革命文化的认同感和归属感,不利于培养学生的家国情怀核心素养。

基于上述认识,笔者依据日常教学实践并结合历史学科的特性,以立德树人为目标指向,以部编版八年级下册"抗美援朝"中的相关教学设计为例,在课堂中采用创设情境、角色扮演、挖掘细节、历史叙事、信息技术等多种方式,营造"沉浸式"的学习体验,用真实的历史细节和历史故事打动学生,赋予历史课堂以脉脉的温情、动人的温度,从而实现以情激情,以情唤情,情知共育,情意共生。

一、以"境"激情:准确遴选史料、创设真实情境、情知共育,让学生在角色扮演中感悟历史

英国历史学家约翰·托什认为:"所有历史研究的基本原则是:我们的研究决不能脱离它的背景。如同不首先仔细记录发掘地点的准确位置就无法宣布一项考古发现的意义一样,我们必须将所知晓的有关过去的每件事都置于其时代背景下。"[1] 历史的教学非常特殊,因为历史研究者和历史认识对象往往并不存在于同一时空,尤其对于初中生来说,他们学习的历史与自身的生活遥不可及。那么,如何使学生对历史形成共鸣呢? 我们可以在"生活"和"历史"之间架设一座桥梁,即创设历史情境,让学生在历史情境中"触摸"历史、"感受"历史、"神入"历史,对历史给予"同情之了解"。

以本课为例,在探讨是否应该出兵朝鲜、抗美援朝这个问题上,笔者设计了角色扮演的方式来创设情境:"假设你是当时中共中央的领导人之一,你会如何回复朝鲜政府请求出兵的求救信呢? 并说出你的理由。"通过情境创设,学生能够"站在历史人物的立场去研究历史,把握历史人物的情感、信仰、思想以及动机"。[2] 而角色扮演则发挥了学生的主体性,使课堂充满学习的趣味性,营造"沉浸式"的学习体会,让学生在角色体验中拉近历史的时空。

当然,创设情境、角色扮演这种教学策略并不少见,问题在于所创设的情境是否是"真实情境""全面情境"。如果猛地把问题抛给学生,没有任何史料依据,学生的决策全凭想当然,没有经过缜密的思维和理性的判断,为了设置情境而设置情境,显然这是一种"虚假情境";或者只选择倾向于出兵朝鲜的史料,引导学生得出必须出兵朝鲜、抗美援朝的结论,显然这是一种"片面情境";或者尽管给学生展示"出兵"和"不出兵"两方面的史料,但是仅仅拥有"时代意见",而不引导学生得

出"历史意见"[3],从特定的角度来看,其实这也是一种"片面情境"。

因而,笔者在创设情境时,挑选了正反两方的观点,精选了几则史料,如图1、图2所示。

材料一 我们不出兵,让敌人压至鸭绿江边,国内国际反动气焰增高,则对各方都不利,首先是对东北更不利,整个东北边防军将被吸住,南满电力将被控制。
——毛泽东

材料二 中国出兵朝鲜是出于国家利益考虑,是不得已的。如果苏联打到墨西哥,那么美国在5分钟之内就会决定出兵。——美军事专家约翰·托兰

材料三 出兵援朝是必要的,打烂了,等于解放战争晚胜利几年。如美军摆在鸭绿江岸和台湾,它要发动侵略战争,随时都可以找到借口。老虎是要吃人的,什么时候吃,决定于它的肠胃,向它让步是不行的。不同美帝国主义见过高低,我们要建设社会主义是困难的。
——彭德怀

图1 "出兵"的史料

我认为我们已经打了20多年的仗,我们才刚刚建国不久,正是百废待兴的时候,国力微弱,已经没有能力再打大仗了。特别是我们还没有同美军较量过,我们出兵参战,仗打起来是没有界限的,倘若没有把握顶住美军,反而把战火引到我国东北不是更糟吗?我看还是加强东北边防为好。如一定要出兵,那就采取出而不战的方针,观望战争形势发展,能不打就不打,这是上策。
——林彪

图2 "不出兵"的史料

将这些史料不偏不倚地展示给学生,使学生感受到当时党中央领导人作出抗美援朝决策之艰难,是权衡各方利弊后作出的决策,新中国的领袖们既清楚中美

实力悬殊,也顾忌引火烧身,更考虑到了台湾问题,但从全局利益出发,同时出于国际人道主义,最终还是作出抗美援朝的伟大决策。

同时,笔者引入近年来认为抗美援朝得不偿失的观点,这种观点提出抗美援朝耽误了自身的经济建设,使得中国在国际上树敌,甚至耽误了武力收复台湾的最好时机。通过引导学生从新中国成立初期的历史背景切入进行再思考,培养学生站在古人的立场上看历史的"历史意见",努力避免站在今人的立场上看历史的"时代意见"。

通过以上教学设计,笔者营造了一种"真实情境"和"全面情境",这样的角色扮演才是相对真实和充满思辨性的,这样的沉浸式体验才是激荡学生心灵、与学生产生共情的,这样得出的历史感悟才是灵动的、深刻的、充满温度的!

在课堂上,学生震撼于党和人民作出抗美援朝决策的伟大与艰难,震撼于毛泽东过人的胆识与气魄,更震撼于党中央对于国内外形势的深刻洞察力!以情激情、情知共育,学生在这样的情境下进行角色体验,才能从民族记忆中获取独特的历史感悟;教师如此才更能从精神层面涵养学生的心灵,培育学生的家国情怀。

二、以"人"动情:聚焦英雄人物、挖掘历史细节、以情唤情,让学生在历史叙事中丰盈生命

在笔者讲授这节课时,恰逢建党 100 周年,党史宣传和教育铺天盖地,但是有一部分的党史学习教育流于形式,陷入了"假大空"的怪潭。例如,干巴巴地告诉学生抗美援朝精神的内涵,生动一点的会由师生简单讲述一下黄继光、邱少云的故事,播放一些纪录片的节选,而随意一点的甚至会提到关于毛岸英之死的野史,完全与真实的历史背道而驰。这样的课堂必然是缺乏信度与温度的、冷冰冰的课堂,非但起不到育人的作用,反而容易招致学生的反感,甚至破坏党的形象,歪曲

党的历史,对培养学生的家国情怀有害而无益。

柯林伍德说:"从某种意义而言,历史教学的本质就是讲好人的故事与思想。"[4]历史叙事应该以"人"为核心,以"人"系事、以"人"动情,讲好英雄人物的故事,激发学生的爱国情感和家国情怀,让英雄故事中的人性触动学生,让学生在历史叙事中丰盈生命。

具体以本课而言,首先,笔者精心选择了六个英雄人物,分别是志愿军 38 军炮兵团政治处组织干事萧模林、长津湖战士宋阿毛、战斗英雄黄继光、战斗英雄邱少云、毛泽东之子毛岸英、上甘岭战士李征明。选择的这六个英雄人物,既有九十岁高龄的志愿军老兵,也有十几岁就牺牲的年轻战士;既有赫赫有名的战斗英雄,也有默默无闻的普通战士;既有伟人的儿子,也有普通老百姓的儿子。所选的英雄人物很具有典型性和代表性,能够全景式地展现真实的历史。

其次,在讲述他们的英雄故事时,笔者选用了四种不同的形式。其一,播放视频《志愿军老战士口述历史》,其二,由抗美援朝纪念馆的讲解员讲述《冰雪长津湖》的故事,其三,学生自己讲述黄继光和邱少云的故事,其四,教师补充邱少云的故事,并图文并茂地讲述毛岸英和李征明的故事,力求形式多样、形象生动,而且关注师生互动,充分发挥学生的主体性。

最后,笔者还特别关注历史细节。历史课堂的温度根植于细节,历史叙事离不开细节,历史因细节而熠熠生辉。例如,志愿军 38 军炮兵团政治处组织干事萧模林在口述时提到,松骨峰战役后,他拿着布袋去给牺牲的战士收尸整容,100 多个人,最后幸存的只有六七个;宋阿毛在长津湖写下绝笔诗词——"我爱亲人和祖国! 更爱我的荣誉! 我是一名光荣的志愿军战士! 冰雪啊! 我决不屈服于你,哪怕是冻死,我也要高傲地耸立在我的阵地上";邱少云身高 1.7 米,但是遗体被烧到只剩 70 厘米,真真是"烈火真金铸英雄";黄继光生前部队指导员回忆,黄继光烈士的胸膛死死地堵在机枪眼上,在他爬行过的路上留下了一条深深的血沟,军装前胸处留下了一个拳头大小的弹洞,子弹打穿了黄继光的军装,但永远打不断英雄的脊梁;毛岸英主动请缨,成为第一个志愿军士兵,在作战值班室紧张工作之时牺牲,至今依然长眠于朝鲜战场;上甘岭战役中,士兵李征明给妹妹写下了一封封文字加表情包的家书,但距离胜利只剩一个多月时,年仅 23 岁的李征明牺牲了。

黄继光:以气胜钢好战士　　**邱少云:烈火真金铸英雄**

1952年10月19日,黄继光在朝鲜上甘岭战役中,用身体挡住了敌人的地堡枪眼,用年轻的生命开辟了志愿军前进的道路。　　1952年10月12日,潜伏距敌人阵地60米处,一颗燃烧弹落在邱少云附近,为保证战斗的胜利和潜伏部队的安全,他放弃自救壮烈牺牲。

毛岸英:忠骨埋他乡　　**李征明:家书抵万金**

我作为党中央的主席,作为一个领导人,自己有儿子,不派他去抗美援朝、保家卫国,又派谁的儿子去呢?

图 3　英雄人物

　　笔者所选取的这些细节无需造假,无需矫饰,更无需添油加醋,本身就已足够动人,足以达到立德树人的目的,彰显历史学科的育人价值。课堂上,抗美援朝老兵的动情讲述、长津湖战役中冻死的战士们,一下子使课堂气氛变得凝重起来,学生的脸上满是感动与敬佩，甚至有同学开始默默地流眼泪，全班同学都被志愿军的精神所感动。学生们看到李征明的"表情包"时，笑了；听到李征明牺牲的结局时，又黯然神伤。作为教师，此时根本不需要煽情，学生完全是发自内心地、真切地理解了什么是抗美援朝精神：这是一种高度的英雄主义精神，革命忠诚精神，国际主义精神，为了祖国、民族尊严而奋不顾身的爱国主义精神。

史学工作者小原国芳指出："单做事实的传凿、记忆、叙述，决不是历史教学。……对我们至为重要的实是活生生的社会精神，是社会的意志冲动，是时代精神。"[5] 讲述好英雄故事、挖掘历史细节、以情唤情，让学生切身地体会那个革命的时代和那个时代的精神，使中华民族的共同记忆和价值情感在今天的学生身上得到传承，这才是历史教育的题中之义。

三、以"技"抒情：依托信息技术、营造抒情氛围、情意共生，让学生在历史感悟中升华素养

将信息技术与课堂教学融合起来，是历史教师惯常的做法，但是这种做法也容易走进为信息化而信息化的误区。笔者认为，信息手段的选择应该以实现最佳的教学效果为指向，使用信息技术是为了让教学真正发生，所以笔者在本课除了播放视频之外，还设计了两个环节，依托信息技术，营造抒情氛围，促进情意共生，让学生在历史感悟中升华家国情怀的核心素养。

在本课的导入环节，笔者播放了一段快闪视频，视频中的地点是抗美援朝纪念馆的广场，广场上的群众一起合唱《英雄赞歌》："……大海扬波作和声，人民战士驱虎豹，舍生忘死保和平！为什么战旗美如画？英雄的鲜血染红了它……"广场上人们祥和幸福的生活片段和激昂庄严的歌声交织在一起，不禁让人联想到今天的幸福生活得来不易。

《英雄赞歌》是电影《英雄儿女》的插曲,电影讲述了抗美援朝战场上感人肺腑的故事,其中王成那句"向我开炮"影响了几代人。笔者在导入环节采用影视歌曲,同时又结合最新的快闪形式,既保留了经典的曲调,又融入了当代人民纪念志愿军的画面,瞬间产生了时空交错的效果,创设了一个与历史对话的情境,仿佛把学生带入了七十多年前那个英雄的时代,那个爱国热情激昂的时代,激发了学生的爱国热情。

在本课的结尾,志愿军将士们抛头颅、洒热血,经过艰苦卓绝的战斗,终于打败了武装到牙齿的对手,谱写了气壮山河的英雄壮歌。如果用单调的材料分析法"告知"学生抗美援朝精神的内涵,只会让历史课堂索然无味,无法实现情感的共鸣和思想的碰撞,所以笔者设计了一个"写给英雄的赞歌"环节,让学生自己抒发真实的情感。

在学生写信时,左边的屏幕展示"写给英雄的赞歌";右边的屏幕进入"抗美援朝纪念馆"的官网,呈现 720°全景介绍,仿佛一下子把学生带到了纪念馆的现场,同时耳畔传来了全景介绍的配乐声,那是《我的祖国》:"一条大河波浪宽,风吹稻花香两岸,我家就在岸上住……这是英雄的祖国,是我生长的地方……朋友来了有好酒,若是那豺狼来了,迎接它的有猎枪……"利用网站 720°全景介绍的功能,营造出身临其境的效果,升华学生的爱国情感和家国情怀,将学生一整节课的炽热情感推向最高潮。

图 4 "写给英雄的赞歌"环节

立德树人不是枯燥的政治说教,也不是空洞的鸡汤道理,而应该是心灵的碰撞和浸润。如果说前面两个环节的铺垫是"输入",那么最后一个环节就是"输出"。通过写信的方式,引导学生抒发真实的情感,增强学生的历史使命感和责任感。从最终学生书写的信件来看,教学达到了预期目标,学生发自内心地感受到,中国人民志愿军是一支用毛泽东思想武装起来的革命军队,听党指挥,敢于舍生忘死、赴汤蹈火,其革命精神、崇高情怀、坚定意志、严格纪律,是敌人难以想象、从不具备的。这样的军队,无论是过去、现在还是将来,都不可战胜。

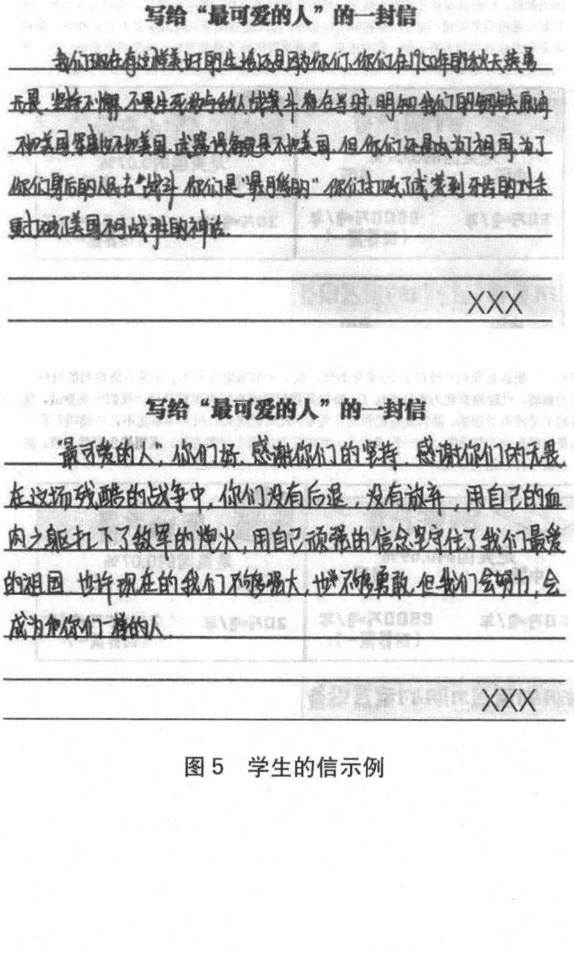
写给"最可爱的人"的一封信

我们现在有这样美好的生活还是因为你们。你们在1950年的秋天英勇无畏,坚持不懈,不畏生死地与敌人战斗。在当时,明知我们的钢铁质量不如美国,军事能力不如美国,武器设备更是不如美国,但你们还是为了祖国,为了你们身后的人民去战斗。你们是"最可爱的人",你们打败了武装到牙齿的对手,更打破了美国不可战胜的神话。

XXX

写给"最可爱的人"的一封信

"最可爱的人",你们好,感谢你们的坚持,感谢你们的无畏,在这场残酷的战争中,你们没有后退,没有放弃,用自己的血肉之躯扛下了敌军的炮火,用自己顽强的信念坚守住了我们最爱的祖国。也许现在的我们不够强大,也不够勇敢,但我们会努力,会成为像你们一样的人。

XXX

图5 学生的信示例

今天,我们身处风云变幻的"百年未有之大变局"中,作为历史教育者,更应该坚持育人为本、德育为先,尤其应该以历史课堂为阵地,加强以史铸魂、立德树人。我们的历史课堂,不是冰冷的史实识记,不是艰涩的文献堆砌,而应该是有温度、有情怀的课堂。教师要用真实的历史细节和历史故事打动学生,赋予历史课堂以脉脉的温情、动人的温暖甚而炽热的温度,从而实现以情激情、以情唤情、情知共育、情意共生,最终彰显历史学科的育人价值,达成立德树人的根本任务。

参考文献

[1] 约翰·托什. 史学导论[M]. 吴英,译. 北京:北京大学出版社,2007:8-10.

[2] 金雨杉. 初中历史情境教学的应用研究[D]. 锦州:渤海大学,2018.

[3] 出自钱穆先生在《中国历代政治得失》一书的观点:历史意见,指的是处在那制度实施时代的人们基于切身感受而发出的意见。这些意见比较真实而客观。待时代隔得久了,该项制度早已消失不存在,而后代人单凭后代人自己所处的环境和需要来批评历史上已往的各项制度,那只能说是一种时代意见。

[4] 郭元详. 知识的性质、结构与深度教学[J]. 课程·教材·教法,2009(11):17-23.

[5] 齐健. 教给学生有生命力的历史——关于历史课堂生活重建问题的思考[J]. 中学历史教学参考,2004(10):4-7.

吴玉　江苏省镇江实验学校(魅力之城分校)　历史教师　教龄13年

沈佳培　江苏省镇江实验学校(魅力之城分校)　历史教师　教龄13年

第三章

评价：看见孩子的成长

每个孩子的成长都有其独特的轨迹,散发着特有的光芒,充满着无限的生机。教师在教育教学中如何捕捉孩子成长的点滴,为他们点亮前行的蜡烛? 评价就是一个很好的工具,不但可以看见孩子的成长,为其保驾护航,更能温暖他们的生活。教育评价之父泰勒认为,评价应以教育目标为导向,把教育目标转化为可测量的学生的行为目标,以此来编制课程或教学方案,开展教学活动,并对教学活动的效果进行评价。近年来,国内基础教育领域研究者与实践者不断丰富、完善教育评价的内容与手段,以更好地彰显孩子的个性,温暖他们的成长。

　　本章的四篇文章都注重对孩子的评价,不但关注总结性评价,重视过程性评价,更强调个性化评价。例如:《温暖的循证》一文认为,评价是手段,更是过程激励,用循证的方式,走入孩子们的内心,了解他们的喜好,体悟他们的思考,发现他们的力量,敬畏他们的潜力;《均衡·同行·更迭,催生"温心"作业》一文认为,传统作业虽使学生获得了知识,但丧失了灵气和悟性,而"温心"的作业可以让学生在完成作业的过程中获得知识、经验、智力、情感的积极体验,温暖他们的内心。总之,温暖的评价始终是四篇文章的理念,为孩子的成长助力。

9.

温暖的循证

——基于个性化评价的幼儿成长教学探索

每当 9 月入园季，小班常常哭声一片，不但萌娃们哭，而且家长们也躲在一隅暗自啜泣。老师们则妆容凌乱，声音嘶哑，身心疲惫。作为园长的我也不轻松，既担心这些弱小的生命是否能够顺利适应校园生活，毕竟这是他们第一次离开家人，又担心老师们承担的压力过大，是否会影响他们的身心健康。

不知不觉，从事幼师这个行业已有二十余载，转机发生在 2020 年的 9 月。我们发现：新入园的孩子们在户外游戏时的情绪与往届不一样，老师们也纷纷表示："新小班的小朋友们在户外的时候，情绪特别好，很开心，哭闹的人数也较往年少多了。"这是什么原因呢？老师们在教学中出了什么妙招呢？

一、一份特别的循证观察记录单

这是小三班葛老师记录的 2020 年幼儿园刚入园两周的小宝的运动轨迹图（也是幼儿成长档案中的评价跟踪表之一）。当小宝妈妈拿到这份评价单时，特别地感动与惊喜：感动的是老师们细致的观察，老师们眼中笔下满是对小宝的爱；惊喜的是小宝对幼儿园的喜爱程度和适应速度远超过他的哥哥。

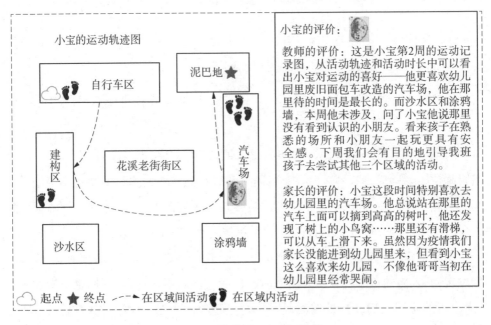

图 1 小宝的循证观察记录单

在这份循证观察记录单上，我们不仅看到了孩子两周的活动轨迹，而且还看到了三方主体的评价：

幼儿评:这张评价单上首先是小宝自己的评价,虽然笔触稚嫩,只贴了一颗心,但他是真的喜欢幼儿园的汽车场。

教师评:教师除了制作这张三方都看得懂的轨迹图外,还进行了详细的观察记录:这是小宝第1、2周的运动记录图,从活动轨迹和活动时长中可以看出小宝对运动的喜好——他更喜欢幼儿园里废旧面包车改造的汽车场,他在那里待的时间是最长的。而沙水区和涂鸦墙,本周他未涉及,问了小宝他说那里没有看到认识的小朋友。看来孩子在熟悉的场所和小朋友一起玩更具有安全感。下周我们会有目的地引导我班孩子去尝试其他三个区域的活动。(这里除了分析小宝的喜好,更提出了下一个阶段对小宝的引导方向。)

家长评:小宝这段时间特别喜欢去幼儿园里的汽车场。他总说站在那里的汽车上面可以摘到高高的树叶,他还发现了树上的小鸟窝……那里还有滑梯,可以从车上滑下来。虽然因为疫情我们家长没能进到幼儿园里来,但看到小宝这么喜欢来幼儿园,不像他哥哥当初在幼儿园里经常哭闹……(这让我们看到和听到了孩子在幼儿园之外的声音,与哥哥的评价单显然有天壤之别。)

我向小三班了解情况,葛老师给我看了班中每一个孩子的循证观察记录单。她说:"园长妈妈,我们按照浙江省教育规划课题中自创的《操作手册》,开展了循证教学,细观察,勤记录,多鼓励,取得了意想不到的效果。"

2021年初,我园"基于循证的幼儿个性化发展评价研究"被立为浙江省教育科学规划课题。看来,课题的实施推动了循证教学,又改变了教学的现状,还解开了困惑多年的症结。那我们是怎样开展的呢?

二、一项有温度的教学改革

世界上没有相同的两片树叶,同样,每一个孩子都是独一无二、与众不同的。

我园的办园理念虽是"一花一世界",但在我们的教学实践中还是缺少个性,缺少慧眼。于是我暗下决心要开展一项教学改革。

循证教学理念始于20世纪末发展起来的循证医学[1],其核心是基于证据实施教学。它主张经验、专业与教学证据的最佳结合,旨在提高教学的针对性和实效性[2]。"基于循征的幼儿个性化发展评价"是指:以个性化发展评价为核心,分"目标解读""内容建构""多元方法""指标检核""调整优化"五个维度,运用"评价指引""行为检核表""评价报告书""课程优化计划"等循证工具,通过实施"观察—检核—反思—优化"等策略,探寻循证路径,以促进幼儿个性化发展评价改革。

(一) 让循证撬动教学

所谓循证就是遵循证据的意思。循证实践(Evidence-based Practise),亦为循证学,本意是"基于证据的实践"。那么如何让循证撬动教学呢?幼儿园是孩子们生活学习的主要场所之一,老师们根据幼儿的学习需求提供实践机会,使其在特定的循证情境中进行学习实践,在自然愉悦的循证教学中为其量身定制学习,从而达到个性化发展。它主要由教学主体活动、教学情境和教学证据三大板块构成。

循证教学的实施基于"目标解读""内容建构""多元方法""指标检核""调整优化"五个维度及三大观察点(详见图2):依据每个维度和观察点进行内涵描述,比对自身个性化需求,发现儿童的"最近发展区",调整优化教学内容及实施策略,从而促进幼儿个性化发展。

这样的评价机制更注重理论与实践的循环验证。在理论上是为了指导教师更好地教学,在实践中更关注儿童的主体地位。也正因为认识到每个儿童的成长都是一个循序渐进、不断发展的过程,所以在推进过程中更注重循环特质,在教学

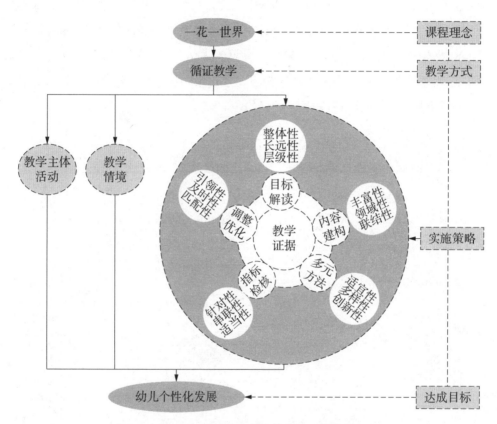

图 2　基于幼儿个性化发展评价的循证教学示意图

中用心循证,发现儿童的"最近发展区"。

(二) 让循证充满温度

在浙江省教育科学规划课题"基于循证的幼儿个性化发展评价研究"引领下, 我与老师们一起开展循证教学探索,有目的有计划地收集与观察儿童的行为表现,包括儿童个性化发展的作品、日常点滴行为、交流互动的记录等,并凭借这些"证据",运用"评价指引""行为检核表""评价报告书""课程优化计划"等循证工具,再根据评价内容实施"观察—检核—反思—优化"评价策略,提供适宜的支架进行循证教学(每一种循证工具对应相应的评价策略,详见图3),以达到"立足过程,个性定制,温暖陪伴,促进发展"的目的。

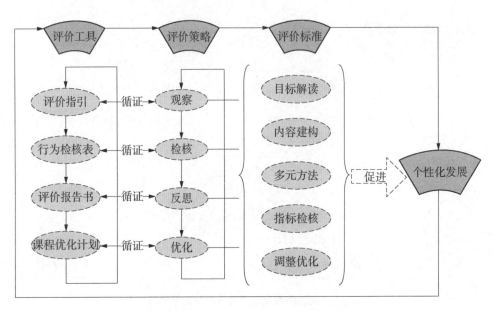

图3 基于幼儿个性化发展评价的循证教学的评价模式图

案例1

在对小宝的两周教学中,除了相应的照片、视频外,更多的是来自班中老师的观察记录。因为多米诺骨牌游戏一般是在晨间户外游戏开始前(上午7:30—8:15)进行的,所以班中两位老师为了跟踪观察评价以支持形成螺旋上升式发展,几乎天天进行观察记录。孩子的发展从来不是一蹴而就的,而是存在一定序列的"发展阶梯"。我们从观察中看出小宝的优势是善于思考和挑战,但社交能力相对缺乏。从两周 10 个观察记录中明显看出小宝在整个探究过程中,不仅仅知识技能得到了增长,他的专注、耐心、坚持等学习品质也在游戏中充分显示了出来。更重要的是,小宝还学习控制和调节自己的情绪、学习如何与同伴合作相处等,这是真正的个性成长痕迹! 这样的成长和教育者的温暖陪伴与适宜支持是密不可分的(见图 4)。

小宝自评: 我们换了水泥地,虽然早上去了,中午也去搭了,但我们最后终于成功了。

教师评价: 小宝团队已经学会分析原因,并及时调整场地。小宝也越来越意识到合作的重要性。这次场地的调整,小宝为了说服同伴,也为了得到同伴的继续支持,他竟然愿意尝试新的任务。(不担当搭建主角,愿意当小伙伴的搬运工——这也是小宝的重大突破)

图 4　教师与小宝的评价

　　以下是教师为小宝在同伴交往能力发展方面制订的短期个性化观察计划。计划设置的时间为一个月左右。根据小宝的社会性发展水平,老师将行为检核法与作品取样法及轶事记录法相结合,在一日活动中对其与同伴交往中出现的个性行为事件进行观察记录。

案例 2
小宝的个性化教学的循证计划

　　家长描述小宝的性格特征及爱好时这样说道:"他有点固执,不太愿意接受别人的建议。他喜欢一个人玩耍,只要感兴趣的,能坚持很长时间。"从两周观察记录中发现,虽然小宝喜欢独自玩耍,但身上却有着一股神奇的力量吸引着同伴,同伴喜欢紧随在其身边。他的身上到底有哪些特质如此吸引同伴呢?

观察主体:中 3 班三位老师

观察对象:小宝

观察对象年龄:4 岁 10 个月

观察对象性别:男

观察时间:2022.3.4—2022.4.8

观察目的:观察幼儿与同伴的社会交往行为

观察目标:观察记录幼儿在与同伴交往过程中所表现出的行为技能

观察背景:生活、游戏、学习

观察领域:社会/人际交往

观察方法:行为检核法、作品取样法、轶事记录法

观察提纲:

1. 小宝的交往意愿是否强烈?(积极主动/无所谓)

2. 小宝在与同伴交往过程中的态度是怎样的?(尊重接纳/无视无礼)

3. 小宝是如何参与同伴的游戏或交流的?(主动/被动,直接/间接)

4. 当与同伴发生冲突时,小宝是如何处理的?(武力/退让/以理服人/公平解决/提交教师)

5. 小宝会采取什么样的方式表达对他人的关心?(言语/动作/均有体现)

6. 小宝是如何表达自己的想法和观点的?(不表达/书面/口头,坚持想法/人云亦云/另想他法)

小宝的社会交往行为观察摘录(一)

3月14日

幼:4排的不能一起倒下。

幼:2排的可以一起倒下去。

3月15日

幼:我发现4排的太重了,2排的可以搭成骨牌,一推就能连着倒下去。

3月16日

幼:我想搭很长很长的牌队,从门口一直到教室最里面。

幼:开始阳阳说跟我一起搭,但我不想一起搭。于是阳阳从我对面开始搭,但我们没有连在一起,没有完成任务。

3月17日

幼:可能要摆在一条直线上才可以吧!

3月18日   木块

教师评价:小宝已经从直线到曲线,材料也由原来的2排积木块转变为单排木块。小宝从原来只解决排列问题到现在还会考虑材料的稳定性,涉及两个维度的问题。

3月21日

教师评价:在这份计划里可以看出小宝游戏的内容涉及2个以上因素:
1. 材料的变化;
2. 问题的变化;
3. 曲线拐弯的难题。

小宝社会交往行为检索及轶事观察摘录(二)

领域	内　　容	待发展	发展中	熟练
同伴交往	想办法结伴共同游戏,活动中与同伴分工、合作、协商,一起克服困难,解决矛盾。	√		
	倾听与接受别人的意见与想法,不接受时说明理由。		√	
	有礼貌地与他人相处和交往。	√		
	尊重他人,珍惜他人的劳动成果。		√	
	在接受他人帮助和服务时表示感谢。		√	
	关注他人的情绪和需要,在别人难过或有困难时,表现出关心并给予力所能及的帮助。		√	

（续 表）

［说明］
待发展:幼儿无法表现出该指标,表示幼儿尚未习得该指标所代表的技巧、特定的行为或成就。
发展中:幼儿间歇性地展现该指标所代表的技巧、行为和成就,或正在萌发中,尚未稳定地展现。
熟练:表示幼儿能够稳定可靠地展现出该指标所代表的技巧、行为和成就。虽然幼儿可能已超出该指标的范围,也不再参与该指标所描述的活动,但如果教师观察到幼儿表现出这些技能,且这些技能是在幼儿的能力范围内,就应勾选"熟练"。

观察记录:4月8日
　　这天丽丽因为不小心把两人辛苦搭了近1个小时的积木弄倒了,小宝几乎崩溃的行为(大声叫着丽丽的名字,一遍又一遍)和表现(他跑进了厕所,我看到他眼睛湿润了)充分地说明了小宝在努力控制自己的情绪。
　　看到小宝如此难过,丽丽非常内疚,不好意思地来到小宝面前不停地说:"都怪我! 都怪我! 对不起! 我真的真的是不小心的!"(感受到了"责任"——小伙伴合作时,每个人都要肩负起自己的责任)小宝努力平息自己的情绪,故作镇定地说:"算了,算了,重来吧! 下次你要注意点!"(小宝正在学习对他人的包容,理解他人)

　　这样的循证计划的制订与实施,使教师得出更多有针对性的关于"小宝的社会交往能力发展"的评价结果,给予教师评价幼儿现状的界定和预判;依据观察计划指标,给予教师评价幼儿目的和方法上的有效选择;根据循证结果,给予教师更多的对幼儿个性化质性分析的实证数据。越走近越惊喜,越深入越惊叹,他们犹如天空中的繁星,散发着独特的光芒,吸引着我们,靠近些,更靠近些……

（三）让循证记录成长

　　在循证教学中,教师有目的有计划地开展个性化的教学活动——依"证"精准施教。"证"即幼儿已有经验的证据,也是孩子们在每一项生活学习过程中所呈现出来的证据。它包括:情境导入、若干教学任务设计、拓展延伸。在学习过程中,教师要"获证""析证""评证""用证",在证据中寻找儿童存在的问题,以儿童内需及问题促进课程优化并调整新的学习目标,开始新一轮的循证教学,如此呈螺旋上升式,最终达到幼儿个性化发展的目的。

循证教学中的每一个点都是根据幼儿学习的证据而进行优化设计的。问题目标明确,由易到难,突出幼儿的主体地位。这样的闭环流程充分体现幼儿的主体性,调动幼儿学习的积极性,加强幼儿自主分析、尝试解决问题的能力,并促使他们初步养成创新合作的意识,以达到成为最好的自己即一花一世界的最初愿景。

三、一场充满能量的研讨

当我们的教师面对如此庞大的评价指标体系时,如果光由教师独自消化,则存在着很大的困难。是不是可以创造一个交流的平台,让教师们针对指标解读过程中遇到的问题随时进行思维碰撞,在共同解读的过程中解决这些问题呢? 基于这样的思考,"云上对对碰"的机制应运而生。

(一)循证是理念更是教学实践

1."循证"是一种理念

在纵向上,帮助每一个人向上完成自我唤醒、自我生成、自我创造以及自我超越,向下获得持续深入的生命体验,把体验变成思考,把思考内化为路径。在横向上,以生活为依托,以文化为支撑,同时又给未来提供无限的方法,让我们对未来抱有无限的期待。

2."循证"更是一种教学实践

它让教师和孩子一起慢下来,去发现,去记录,去体验,去思考。

"云上对对碰"采用钉钉办公系统中共同编辑交流的平台。通过弹性的"云上对对碰",教师们理解指标就更有针对性了。

案例 3

开展之初,很多老师对于一些不理解的指标,常常会在其后备注:

"我用什么样的方法来评价比较合适呢?"

"能用什么记录方法更适宜?"

"这条指标如何去理解?"

例如,指标:对周围的生活感兴趣,愿意用多种感官去探索,去了解新鲜事物。

> 这样的备注留言表明,老师们理解指标时对于自己在哪方面存在疑问仍不是很明确。

有老师提出:"这条指标是老师评价吗? 我感觉这条指标更适合家长评价。"

指标核心研究组及时在平台上给出了这样的提示:"用多种感官探索身边的生活,用适当的方式表达兴趣。"——这条指标可以让谁来评价?(这是关于"评价主体"的问题)

再如,指标:能尊重与接纳不同生活方式与习惯的人。

有老师提出:"指标指向不同的生活方式与习惯,如何创造这样的评价条件?""怎么评价? 接纳是用肢体行为表现还是语言表达进行评价?"

指标核心研究组这样反馈:"这条指标尝试用检核表来评价。"(这是关于评价方法的问题)

……

这样"一来一回"的云上自由互动教研,使老师们在解读指标中,逐渐厘清自己的问题归属于哪一方面。

正如蒙台梭利所说:"儿童是人们温情和怜爱的汇聚之点,全人类都沐浴在对儿童的这种爱之中。儿童是爱的源泉,所有与儿童有关的话题都会与爱有关。"[3]

（二）评价是手段更是过程激励

借助"云上对对碰"教研方式，教师不断改变，对待一个问题从最开始的浮于表面，到渐渐往深里走、往心里走。

下面以葛老师在"云上对对碰"中的反馈过程为例，随着机制的推进与实施，葛老师在解读指标过程中的思维脉络也日渐清晰。

案例 4

初期——发现存在问题的指标，但不明确根源。

"这条指标我该怎么评？"

"这条指标在幼儿园里我观察不到，怎么办？"

中期——明确所指向的问题属于哪一类，如评价主体、方法等。

"该指标需要家长协助评价吗？用作品记录检核是否比较合适？"

"如何诠释'适宜'？是否需要把当时的情境、人物、事件发生情况描述清楚？"

后期——在解读内化过程中能给予自己甚至同伴一些建议。

"该指标适合在小班入园初进行评价，生活环节中更方便观察到相关情况。"

"此条指标评价时是否也需要教师提供多种材料和工具，如在艺术领域的个别化学习中？"

此案例中，葛老师的"云上对对碰"教研过程，从最初的单纯发现困难到最后针对不同指标给予自己与同伴建议。

这样自由、轻松、方便的"云上教研"不是停留在浅层的评判和思考，而是与某个事件建立起深度的联结，从而使教师获得强大的能量滋养。我越来越感觉到，基于幼儿个性化发展评价的循证教学就是用一种匠人的精神在做一件事情。它很慢，但这种慢不是指发展节奏，而是指沉浸在当下这件事情中的状态，把自己融入其中,一起学习,一起评价并看到背后的原因,一起共同生长。正如周恩来总理所说:"任何新生事物在开始时都不过是一株幼苗,一切新生事物之宝贵,就由于在这新生的幼苗中,有无穷的活力在成长,成长为伟人成长为气力。"

(三) 发展是共性更是个性生长

每项评价指标都有其相关的表现状态和水平,面对发展水平的"待发展""发展中""熟练"三个层次,老师们发现有的指标单独进行解读完全没有问题,但是将这三条横向比较后,却发现还是存在着一定的困惑。

以一位新教师对某一指标的解读为例,她将自己的问题提交"云上平台",指标核心研究组结合具体指标与表现水平给予了该教师相应的支持。

案例 5

指标:具有基本的自我保护能力。

待发展:在公共场所走失时,能告诉警察或相关人员自己家长的姓名、电话号码等简单信息。

发展中:知道在公共场所活动中,不远离成人,走失时知道简单的求助方式。

熟练:走失时能向警察等提供家人的联系电话和家庭住址等,有自我保护的方法。

新教师提出:"熟练中的前半句有必要写吗? 那不是和待发展中的后半句类同吗?"

指标核心研究组反馈:"这 3 项评价发展水平分别指向了孩子遇到危险时自我保护的意识、能力和方法,'待发展'是指在成人询问后能简单表述,而'熟练'是指孩子主动寻求帮助的意识。"

通过这样的互动解答,教师们存在的困惑也就迎刃而解了。

　　"云上对对碰"教研机制的产生源于老师们日常循证教学评价中的困惑。这一机制由点及面地剖析了个性化评价中如何循证的问题。在碰撞过程中,教师评价的循证能力逐步上升,从而为循证教学提供了有力的专业依据。

　　循证的过程就像一个圆,对从哪儿开始、到哪儿结束、速度怎样都没有特定的要求,但最终一定是向圆心走。这个圆心离孩子很近,离"最好的自己"则更近。正如浙江省杭州市天杭实验学校教师郑英在《每个孩子都是孤品》中所说:"教育中,我们的教育对象是一个个活泼泼机灵灵的人,每一个都独一无二与众不同,都是世间的孤品,都有自身独特的价值和各自的成长密码,都带着迷茫和不确定性在成长。倘若每一个都能得到尊重和发展,按各自的生长方式拔节劲长,实现高品质的差异发展,便是教育最动人的样貌。"

　　浩瀚星空,有探不尽的奥秘;可爱孩童,有品不完的点滴。每一个孩子都如天空中的一颗星星,有着独特的成长轨迹,散发着特有的光芒,充满着无限的生机。抓住属于孩子的那颗小星星,让其成为人海星河里不可或缺、独一无二的那一颗。

参考文献

[1] Sackett D L, Rosenberg W M C, Gary J M, et al . Evidence based medicine : What it is and what it isn't [J]. British Medical Journal, 1996,312:71-72.

[2] 郑红苹,崔友兴."互联网＋教育"下循证教学的理念与路径[J].教育研究,2018(8):101-107.

[3] 玛利亚·蒙台梭利.有吸收力的心灵[M].天津:天津社会科学院出版社,2010.

孙菊英　浙江省绍兴市柯桥区漓渚镇中心幼儿园　园长　教龄24年

10. 对话，让教育中的"两难"不再纠结

我是一名工作尚不满四年的幼儿园教师，那些在象牙塔里学习的教育教学理论还深深地印刻在我的脑海里。它们充满着人文关怀，观照着孩子的健康发展与意义生活，因此我的内心也时常畅想与描绘着一幅幅美好的教育画卷。然而，理想与现实似乎天生就是一对"矛盾体"，每当我同时面对它们时，总不免陷入两难，直到这一天的到来……

一、问题的提出：一对"为了儿童"与"基于儿童"的矛盾

幼儿在园一日生活中总有些规定操作，其中最突出的就是每天的生活环节——来离园、吃点心、盥洗、午餐、午睡等。孩子们很熟悉这些惯常操作，有些孩子表现出了较强的秩序感，也有些孩子会在相对有序的节奏中"随心所欲"。

镜头 1:来园时刻

每天早晨,山山和水水这对双胞胎都早早来园。和老师打完招呼后,兄妹俩便开启了漫长的"来园准备"工作——彼此讲讲话,再看看隔壁班级孩子,有时再发会儿呆,等同伴陆续来后,他们还会开启新的交流。于是常常可以看见,衣柜前的一群幼儿一边漫不经心地做着自己的事儿,一边闲谈,时而还会开怀大笑。作为教师的我,每每见状都非常着急,急于带他们去户外活动。我先会友好地提醒,几次提醒仍不管用后便转为焦急地催促、指责甚至批评。孩子们见状,速度确实加快了,但眼神中总有一丝闪躲,或是尴尬,或是担心。

镜头 2:吃点心前的盥洗室

吃点心时间到了,孩子们蹦蹦跳跳地来到盥洗室,开始"洗手—小便—洗手—擦手"的规定操作,但总会有几个早早进去的孩子晚晚地出来。是因为动作慢吗?我留心观察,会发现晚出来的孩子常常会被周围环境所影响,如和朋友聊聊天,打闹一下,或是透过窗户欣赏窗外风景……如果是自由活动时间,这当然可以,但接下来是吃点心时间,如果在这里浪费了大把时间,那么一来点心冷了吃下去不舒服,二来影响了保育员后续的工作。想到这儿,我不禁又开始了催促、倒计时,让孩子们感受到紧迫感。

镜头 3:午餐环节

午餐时间,孩子们的话匣子又打开了。伴随着优美的音乐,他们窃窃私语,好似这样就不会被老师听见一样。渐渐地,声音越来越大,整个餐厅像是一个"菜场",于是我又开始了唠叨:"45分前要吃完哦!某某桌不要再讲话了!"话音刚落,教室确实变得鸦雀无声,尤其是讲话的孩子会特别关注老师的一举一动,但没过一会儿,聊天模式再度开启。结果快12点了,却还有一半孩子没吃完……

我是卷入上述三个情境的教育者,每当脱离当时的情境再去反思时,总会心生惭愧,陷入两难。一方面,从"为了儿童"的视角出发,认为自己是老师,有必要就幼儿不合时宜的行为进行教育和指导;另一方面,"基于儿童"的声音也让我思考自己并未尊重幼儿真实的生活状态。例如,孩子早早来园是对幼儿园的喜爱;同伴之间有说不完的话是乐群互爱的表现;总要我提醒表明大班幼儿虽有初步的规则意识,但仍未达到自律……因此,我的批评与指责不但是不理解幼儿的表现,更会给幼儿的身心成长和师幼关系带来负面影响。于是我暗下决心,以后一定要换种更合适的方法。可当再次回到这些情境中时,我仍会重蹈覆辙,因而一次次地陷入教育的两难境地。

如何解决? 我曾带着这一问题问过身边很多人,但尚未有一种回答能真正解除我的困惑。直到在一次学术讲座上,我受到大学老师的点拨:"不如问问孩子吧!"这番话犹如醍醐灌顶,令我茅塞顿开。确实,解铃还须系铃人。于是就这一问题,我展开了一场与幼儿的对话。

二、行动的跟进:对话反思,促成师幼的共情与悦纳

(一) 实录与反思

为了让对话有据可依,我将某一天的幼儿来园过程进行了实录,并依次放给

涉及的幼儿 Q 和 Z 观看,请他们说说看完后的感受。此外,我也对视频中自己的言行做了观察与反思,具体如下。

1. 幼儿:尴尬之情溢于言表

在视频播放过程中,幼儿 Q 几次红脸,并做出用手捂住脸的动作,还会主动和我说接下来他做了什么。

"我很生气,因为我不喜欢别人当众指出我的缺点。"视频结束后,Q 大为不悦地说道。

"可是我并没有给其他人看啊,这件事情只有你和我知道。"我试图安慰道。

"那我还是很害羞的。"说完,他有些难为情地走开了。

幼儿 Z 在视频播放中也有些害羞,屡次露出尴尬的笑容。看到自己发呆、和同伴撞来撞去玩耍时会说:"快点啊! 真倒霉!"边说边用手拍自己的脑门。

从两名幼儿的回应中不难看出,他们在认识层面清晰地知道自己没有抓紧时间做来园准备,并且因为这样的行为产生了害羞、难为情的心理。

一方面,这体现了大班幼儿规则意识的发展水平。儿童发展心理学相关研究表明,大班幼儿对于规则的认识还没有达到自律的水平,规则对大班幼儿来说还是外在的,因此在规则执行方面会表现出自我中心。具体而言,有的幼儿已有初步的规则意识,但执行规则不够理想,需要成人的提醒或督促;有的幼儿出现自律的萌芽,不过尚未成形,还需要教师的引导和启发。

另一方面,心理学家科尔伯格认为个体的道德认知是对是非、善恶行为准则及其执行意义的认知,并集中在道德判断上。道德判断是依据道德原则对什么是正确的或错误的行为的判断,即道德评价。科尔伯格认为儿童的道德成熟首先是其道德判断上的成熟,然后是与道德判断相一致的道德行为上的成熟。大班幼儿的道德水平尚处于前习俗水平的第一阶段,即主要依照行为的直接后果判断行为的好坏。从这一理论出发,不难解释为何幼儿 Q 和 Z 会在观看来园准备中的行为时感到难为情。

2. 教师:心生羞愧与懊悔

作为教师的我,也认真观看了视频,并记录了自己在这一情境中的言行举止。

在言语方面,我和幼儿共交流了 15 次,其中 5 次是打招呼,6 次是简单地以"好的""对的"回应孩子发起的谈话,4 次是提醒或不耐烦地催促。例如,当幼儿 Q 向我展示他的橡胶雨鞋时,我回应道:"抓紧时间,一会儿要上编程活动了!"他继续说"我想穿上展示一下"时,我没有作声,心里想的是:"你又开始浪费时间了!"幼儿 M 看见我后首先和我分享:"石老师,告诉你一件不愉快的事。"但我只是看了看她,没有任何回应。也有幼儿继续和我说着什么,我看似在听,内心想的却是"你怎么还不去做来园准备"。很快,编程活动要开始了,我已全然无视他们的话语,并忍不住催促:"还有 5 分钟,编程活动就开始了!"

行为方面,我共产生了两次肢体动作,一次是抱了一名来园的幼儿,还有一次是帮助幼儿挂衣服。

看完视频,我深深地感受到了和幼儿 Q、Z 一样的心情。虽然视频记录的只是一次来园时刻,但我深知多数时候,面对孩子来园准备时的"漫不经心",我的状态都是这般冷冰冰的。面对孩子开启的话题,我也时常敷衍地回应"好的"或"我知道了",而没有将此作为亲近孩子、理解孩子的契机。对此,我感到羞愧与懊悔:我把孩子当成了按照流程做事、为了满足我需要的"工具人",而非有血有肉、有社交需要和情感表露的"意义人"。

这也在某种程度上反映了我的班级管理风格。班级管理风格是教师在计划、组织、协调和控制班级活动时,通过言语和非言语的交流,展现出来的外显的行为倾向性和常见的管理模式[1]。李皮特和怀特曾对教师班级领导(管理)风格进行了详细的划分,依据班级管理风格的特征,将班级管理风格划分为专制型、民主型和放任型三种类型。专制型教师要求儿童无条件接受一切命令,以教师为一切工作的标准；民主型教师能和集体共同制订计划、做出决定，能给予幼儿客观的表扬和批评；放任型教师在和儿童打交道中几乎没有什么信心或认为儿童爱怎么样就怎么样，没有明确的目标，很难做出决定，既不鼓励儿童，也不反对儿童，既不参加儿童的活动，也不提供帮助或者方法[2]。就来园准备中的表现而言，尽管我在意识层面认可民主型的管理风格，然而在实践中并未做到"知行合一"，更多地体现出了专制型的一面，这也使得我在和幼儿的互动中提供了有限的情感支持。

(二) 对话与共情

基于和幼儿的对话及自我反思，我认识到问题的解决迫在眉睫。为此，我又一次面向全体幼儿展开了对话，涉及两个问题。

问题 1："早晨来园时，我总会催你们快点儿。请问我的催促对你们有帮助吗？给你们带来了怎样的感觉？"

> Z："有帮助的，催促让我动作更快。"
> J："催促能让大家速度加快，这样就可以早点儿出去活动了。"
> T："我不喜欢催促，它让我不舒服。"
> L："每次听到倒计时，我都会非常紧张，担心自己做不好。"
> S："我会很紧张。"
> ……

不难看出，孩子们普遍认为催促对自己动作加速有帮助，但在心理层面会产生紧张、害怕的情消极绪。

问题 2："关于催促，我也常常很纠结。如果任由你们随心所欲，那很多重要的事情就会耽误；如果总催促你们，我担心会破坏我们的关系。"

　　我将我的两难说给孩子们听，并用诚恳的语气请他们帮帮忙，孩子们纷纷抛出了自己的想法。

　　W："那就每天早点儿来园啊！这样既可以聊天，又能早点儿出去游戏。"

　　H："来园准备时，可以和好朋友相互提醒与鼓励，约定好游戏时再聊天。"

　　L："石老师可以温柔地提醒我们，这样你的嗓子也不会不舒服。"

　　S："培养自己'一心两用'的能力，这样就可以边整理边讲话了。"

　　Z："控制住自己的嘴巴，等到自由活动时再找朋友玩。"

　　Q："老师先可以提醒，提醒超过 3 次还没用的话就要惩罚。"

　　M："可以前一天晚上约定好第二天先在门口集合，把话都说完再进来。"

　　……

　　孩子们提出了各种各样的方法，到底哪一种最合适呢？经过投票，"来园时同伴相互提醒，等到游戏时再聊天"和"石老师要温柔提醒"两种方法各以 8 票位居第一，于是我邀请孩子们与我一同试试这两种方法。

　　美国学者杰克逊在《班级生活》一书中曾提出"隐性课程"这一概念，希望教师更多地关注环境隐喻，例如，有序的生活环境，以及班级管理文化——共同商量制定的一些小仪式和制度。幼儿在一日生活中会受到文化、环境、人际关系等因素潜移默化的影响，而这些影响因素都是隐性课程的重要内容。来园这件小事并非小，作为课程的一部分，通过及时的对话以及共同约定，我和孩子共建了"班级文化"。

　　在"相互倾听的教室"里，我更直接地触摸到了孩子的真实想法，各种思考和情感也在对话中传递。佐藤学曾提出教师在理解学生的发言时有两种方式：一种是"理解了意思"（understanding）的"理解方式"；一种是"站在欣赏、体味学生发言的立场"（appreciation）的"理解方式"[3]。我想，此次对话蕴含了师幼间的爱与理解，它正是向"欣赏、共情"的理解方式靠近的过程。

三、结果与思考：看见儿童，观照儿童的意义生活

（一）实践结果

在后续的来园时间里，我观察到：当我在场时，孩子们常常会心一笑，因为他们记得曾经的约定，但有时也会忍不住聊天，而我坚持温柔地提醒。我也开始关注他们的对话，不再是注重"抓紧时间不说话"的"监工"，因而也不再看到彼此尴尬的神情，我内心喜悦：和谐的氛围产生了！

为了弥补观察的不足，以及探寻幼儿真实的感受，我再一次展开了同幼儿的对话。

我问道："你们觉得上次的方法对来园准备有帮助吗？"

Z："有帮助，现在我会提醒自己抓紧时间做好事情。"

S："有帮助，现在我不和别人聊天了，这样就可以早点儿出去户外活动了。"

Y："对我没什么帮助，因为我本来就不聊天。但对其他人有帮助，现在走廊上不再吵吵闹闹了！"

······

孩子们的回答让我明白：他们在认识层面接受了"抓紧时间对于自己后续的活动有帮助"这一想法，然而该想法所体现的行为更多时候还需要"我"在场才能

发生。所以,对照"幼儿能自觉自主进行来园准备"这一目标,我的方法并未真正奏效,但我并不认为这就失败了。相反,它很真实。这样的处理方式也让我感受到了彼此的尊重,以及为了解决矛盾而共同努力的美好。

(二) 实践反思

经历这一次和孩子的对话,我已逐渐不再纠结,并且产生了以下几点思考。

1. 基于现象的反思:从"敌对"走向"和解"

班级是师幼共同打造的人文空间,苏格拉底也主张教育不是知者随便带动无知者,而是使师生共同寻求真理。基于这样的理念,我首先思考:班级规则应由谁制定? 我认为规则只有在师生共同建构时,幼儿才会更加认同。之所以用"建构"而非"制定",是因为制定更多强调的是完成状态,而处于发展中的孩子的认知是随着周遭的变化而不断丰富的,因此规则也应随着孩子的经验而不断建构与调适。其次,幼儿的遵守及我温柔的提醒恰恰反映了我们的师幼关系从"敌对"走向"共情",最后达到"和解",这也让我不禁想到李希贵校长的名言:教育学首先是关系学[4]。注重师幼关系的培养本身就是教育的目的。

此外,当教师不在场时,幼儿做出不自觉行为的可能原因有以下几方面。首先,我班幼儿并未建立起良好的来园秩序感及习惯,这也让我反思班级四位一体的协调工作,即 8 点之后,教师、保育员都去户外,没有成人在教室里及时跟进。其次,从脑科学层面来看,个体的自控力发展受大脑前额叶皮质发展的影响,但这一部位是大脑成熟最晚的部分之一,一般要到青春期后期才能完全成熟[5],因此对幼儿自控力提出过高要求显然是不现实的。最后,幼儿认知与行为存在偏差这一现象也促使我反思,我兼具"实践者"和"研究者"的双重身份,幼儿对"来园准备应该怎么做"的价值判断或许是为了满足我的期待。倘若幼儿的对话者是同伴或家长,是否会有另一种答案?

2. 基于过程的反思:从"工具性反思"走向"价值性反思"

实践中的每一步并非不假思索的武断,其背后都有我的价值判断与思考。

实录视频适合集体观看还是个别观看? 我认为集体观看适用于群体中半数以上人员如此表现的情况,但目前我班仅部分幼儿存在来园磨蹭现象。同时,视频中的幼儿 Q、Z 的自尊心较强,集体观看对他们的心理可能会产生冲击。基于上述思考,我选择将视频依次单独放给幼儿 Q、Z 观看。

"两难"的解决一定需要同幼儿对话吗? 首先,有序的来园准备为后续的充分活动提供保障,如能以合适的方式解决幼儿的拖拉磨蹭问题,会对幼儿的整体发展带来更大帮助。其次,班级生活应由师幼共同建构,而大班幼儿是有能力的对话者与意义建构者,因此师幼的平等对话不仅能增加彼此理解、产生共情的可能,更有助于推动问题的和平解决。基于上述思考,我开启了面向集体的对话。

对话一定要有结果吗? 雅斯贝尔斯曾指出:对话是真理的敞亮和思想本身的实现,对话中可以发现所思之物的逻辑及存在的意义[6]。由此可见,对话不是谈判,对话本身就是目的。对于一些司空见惯的现象,及时的对话与反思能避免教师简单粗暴的武断,从而走向师幼的视域融合。此外,对话也有助于使"一元论"的结果导向向"追求理解与共情"的过程导向发生转变。此次对话让我看见了立体的、活泼的幼儿个体,他们有自己的思考与判断,而非没有思想、只被成人操控的"工具人"。

借由这一步步递进的反思,我深刻地体会到我的教育观正逐渐发生转变——从"为了儿童"(human-becoming)向"基于儿童"(human-being)的视角逐渐靠近,最终实现两种视角融合下的师生"共舞"。我的实践也遵循着从就事论事的"工具性反思"走向看见儿童、观照儿童发展的"价值性反思"。我开始注意并敏感于班级每天发生的事,这些事情中存在着无数契机,让我能够构筑教室情境"交往中培育"的师生关系。未来,我也期待就曾经的两难问题展开与更多群体的对话,在不同视域对话中找到一种共融与平衡,用更显温度的言行温暖孩子的生活与成长。

参考文献

[1] 李享真.幼儿教师班级管理风格的特征与类型研究[D].沈阳:沈阳师范大学,2018.

[2] 高钰涵.不同班级管理风格的教师师幼互动对比研究[D].郑州:河南大学,2020.

[3] 佐藤学.静悄悄的革命:课堂改变,学校就会改变[M].北京:教育科学出版社,2014:28-29.

[4] 李希贵.面向个体的教育[M].北京:教育科学出版社,2014.

[5] 卡尔·雅斯贝尔斯.什么是教育[M].邹进,译.生活·读书·新知三联书店,1991:12.

[6] David R. Shaffer, Katherine Kipp.发展心理学:儿童与青少年[M].邹泓,等,译.北京:中国轻工业出版社,2016:176-180.

石莹　上海市徐汇区乌鲁木齐南路幼儿园　幼儿教师　教龄4年

11.

均衡·同行·更迭,催生"温心"作业

——以"学习者"为中心的作业设计

减轻学生过重的作业负担,是落实"双减"政策的主要任务之一。真正落实"双减"的教学是帮助学生摆脱盲目追求作业数量、难度带来的恐惧感和厌恶感,重拾数学学习的兴趣和动力,获得快乐的学习体验,这个过程必定是有温度的。如何让"双减"既能深入人心又能温暖人心?这需要权衡作业减少与学习质量提升之间的关系。笔者以数学作业设计为例,在实际操作中以学习者为中心展开作业设计,让学生怀有温情,将人回归教学中心,把学生放置在学习者的主体地位,让教学有暖心的温度,从而科学合理地满足学生成长的需求。

"双减"下的作业必须转型,要从传统的"作业布置"走向有规划的"作业设计"。作业设计,不仅要关注培养学生学习的兴趣,还要挖掘学生的潜力,提升学生分析和解决问题的能力。因此,不仅数学教学要走向"温暖",数学作业也要走向"温暖"。教师只有设计出形式多样、贴近学生需求的精而细

的"温心"作业,才能最大限度地拓展学生的减负空间,真正将"温暖"的教学落到实处。

何谓"温心"? 就是温暖待生,润入人心。"温暖"的教学,反对唯分数论和功利主义的"冷"教学。"温心"的作业,指向的是一种作业氛围,一种作业品质,一种学习思想,一种教学理念,它让学生感到有趣、温馨、幸福。教师设计的作业决定着作业的面貌和作业的性质,一份好的"温心"作业体现的是教师充满温暖的教育精神。传统作业的功能只是知识的传授与习得,"温心"作业则把作业理解为学生生命成长、人性养育的方式。

基于这样的理念,笔者以均衡、同行、更迭三大策略,分别从教学、作业、学生三方面推进"温心"作业的有效实施(见图1)。实践证明,作业的减少与能力的提升带来了温暖人心的幸福感。

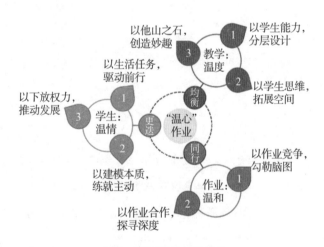

图1 "温心"作业的模式

一、个性与共性均衡,让教学富有温度

冰冷的"一刀切"式的作业,造成了优生"吃不饱"、中等生"吃不好"、后进生"吃不了"的局面,导致学生学习的积极性和主动性受到制约。针对这一现象,笔者在设计作业时尊重学生个性发展,做一名有温度的教师,基于学生的差异,设计多梯级、多形式的自选型作业,既满足不同学生的共性需要,又促进学生的个性发展。

(一) 各尽所"能",分层发展潜力

依据学生个体差异,教师应针对不同能力层次、不同个性的学生,设计不同层次、不同难度的作业,让他们能够在不同层次的作业中获得相应的知识,在原有的基础上有不同的收获,从而提高学生的学习积极性。

笔者按照"基础练习—变式练习—拓展练习"的模式设计难度递进的作业,让学生根据自己的实际能力自选作业。基础较差的学生可以选择做一些关于知识的理解和运用的题目,学有余力的学生可以做难度较大的练习。对不同层次的作业将会有不同的星级评价。因材施教,实现"能飞的飞""能跑的跑""该扶的扶",调动学生积极性,挖掘其思维潜力。

例如,对于人教版《数学》六年级下册"圆柱的表面积"一课,笔者设计了三个层次的作业(见图2),学生可以选做不同层次的作业。结果发现,后进生选做了★星级题,让人惊喜的是,他们大多数能用文字、字母公式总结圆柱的表面积计算,还有学生将圆柱分门别类地展示出来,如有一个盖、无盖、平行于底面切开、沿着高切开等,将分散的知识形成"点—线—面"联系(见图3)。而中等生选做了★星级和★★星级中的部分题,从计算常规圆柱图形的表面积到计算生活中压路机压过的道路面积、圆柱空调罩的用布量、把圆柱切开表面积的变化及组合图形的表

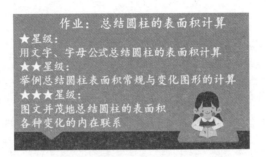

图2 "提高记忆力"分层作业设计

面积,几乎包括了圆柱表面积计算的各种变化(见图4)。优等生选做了★★星级和★★★星级题,还有的优等生把所有星级的作业全做了,呈现了一个圆柱表面积的世界,甚至加入了引导语、小贴士、幽默插画等提示,让总结富有温情,更加有条理、有层次感(见图5)。这样的分层设计,能使每个学生在原有的基础上各有收获,对所学知识有了更深切的整体了解,开启大脑潜能。学生因此都能享受到成功的喜悦,体现了新课标"不同的人在数学上得到不同的发展"的教学理念。

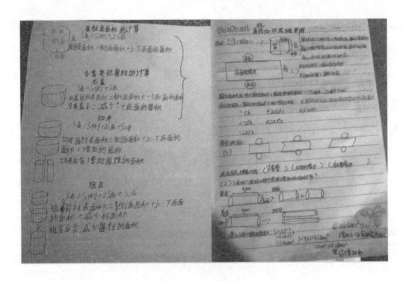

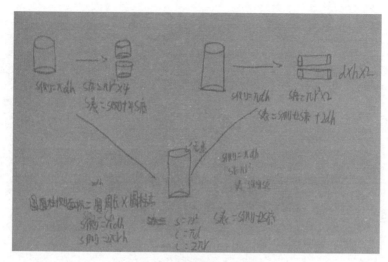

图 3　★星级作业示例

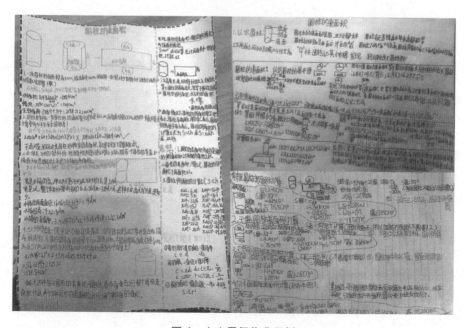

图 4　★★星级作业示例

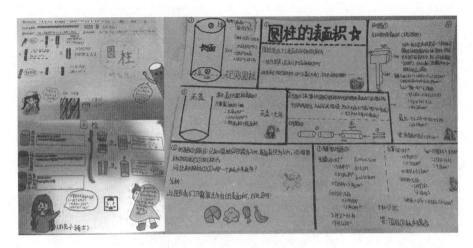

图5   ★★★星级作业示例

(二) 研精致"思",拓展思维空间

学生的思维水平存在差异,教师应根据学生思维水平进行"举一反三",研精致"思"。也就是说,根据题目的结构特征,引导学生去思考:这一问题还可以怎样发展变化? 能否从问题的本质出发,变换出无数种可能?

例如,对于计算题求 54 与 50 的差,在题目结构不变的情况下,应该有无数种变化的可能,如 $27 \times 2 - 100 \div 2, 108 \div 2 - (37 + 13)$……

到这一步,学生大脑实则已做了很多思维体操。思维水平不同的学生能思索到的变化是不同的,但无论变换几何,对于不同思维水平的学生来说,都已尽可能地依据自身潜力进行了探讨。

再比如,对于问题两步计算 800 的 30% 是多少,按照原题的设计思路,如果改变内容的表述,同样也有无数种可能。如果表述内容和结构均有变化,则会有更多的变化可能。图 6 展示了部分学生的"举一反三"练习:题目中没有 800 这个数字,这是怎么回事?原来"隐藏"其中——160 占了总数的 20%,我们可以求出总数是 $160 \div 20\% = 800$,再用 $800 \times 30\%$ 求出题目所问的答案。

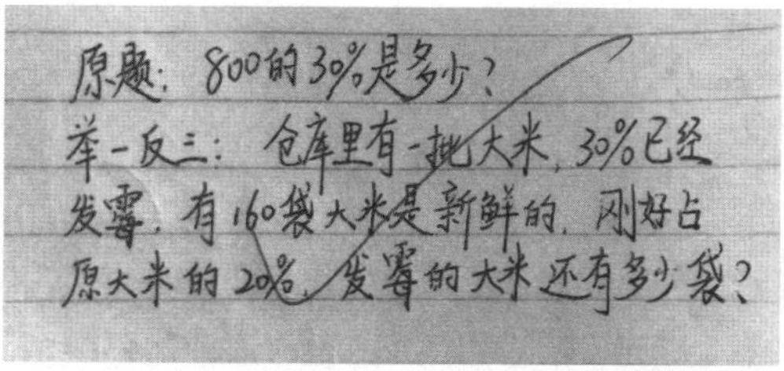

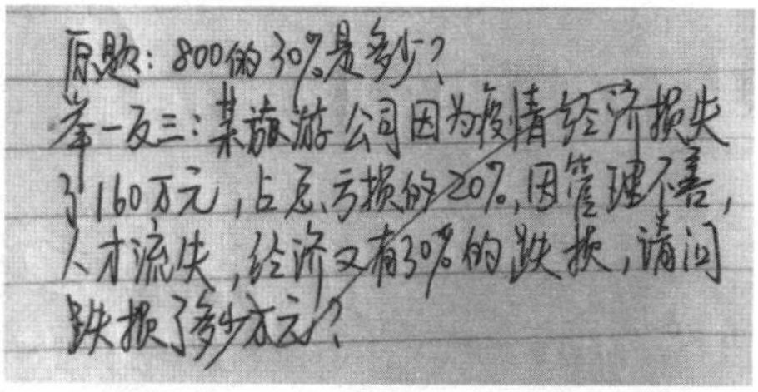

图 6　在"举一反三"中发展思维

举一反三对于学生的思考力是一次深度挖掘,学生们如果经常性地这样思考问题,其思维能力的提升是显而易见的。学生在解决问题的不断探索中,在知识的不断运用中,在知识与能力的不断互动中,能够把减量的作业题,拓展成头脑中无边无际的题海,使提高学习效率也真正落到了实处。

(三) 稽语振"数",新气创造妙趣

单调重复的作业会导致学生滋生心理倦怠感。心理学研究表明,单调乏味的学习形式容易使学生产生疲劳,并对学习产生厌倦心理,而数学的抽象特点很容易给学生一种枯燥之感。对此,可以借鉴语文教学良方,激发学生的数学学习兴趣,寓知识的学习和技能的训练于灵活的作业之中。

　　例如,讲故事本是语文学科常用的教学方式,笔者稍加改动,将其应用于数学学科的教学,将"认识钟表"一课的作业设计为:每位学生准备两个关于钟表的数学故事,其中一个故事是真的,另一个故事是假的,故事讲完之后由其他人来判断哪个故事是假的并说明理由。

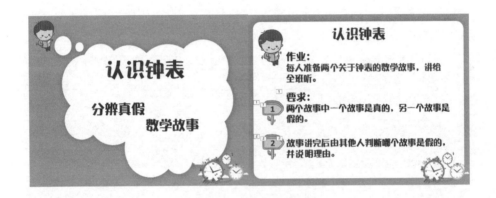

图7　将"讲故事"元素融入"认识钟表"一课

　　将数学作业中常见的判断题改成真假故事辨析,立刻让学生精神振奋,使教学带上了游戏色彩,吸引了所有人的注意力。该作业不但能检测学生是否掌握了知识点,还能训练学生的表达与创造能力,更重要的是学生处于一种"温暖积极"的状态,而不是"被逼着学习"。总之,作业的设计应讲究灵活性,以生动、形象的形式激发学生的兴趣。

二、竞争与合作同行,让作业变得温和

"双减"政策对教学实践提出了更高的要求,课堂设计内容要更加紧密,因此课堂上边学边用成为常态,而练习大幅度减少。此时在作业方面更是急躁不得。我们要合理运用学生与学生之间的"学习场域",创造温和型的作业,引导学生之间合作有"和",竞争有"温",激励学生实现自我突破。

(一)百舸争流,勾勒多维脑图

作业写完,绝不是学习的结束。能否继续思考还有没有别的解法,是体现学生思维能力的重要指标之一。为此,笔者经常提醒和要求学生,做完题目后再想想:这题解法唯一吗?答案唯一吗?如果不唯一,别的解法和答案可能是什么?能想出几种可能?比较一下各种方法的优劣。对于有多种解法或答案的题目,鼓励学生把思路写出来(见图8),批改时给予特别表扬。

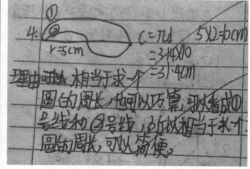

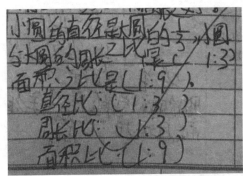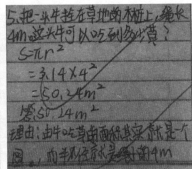

图 8　学生尝试一题多解

　　长期坚持这样要求学生,即使有的学生一时想不出来,但久而久之,这种多角度思考的意识会在学生的头脑中扎根下来,慢慢地成为一种思维习惯,而这种思维习惯恰恰就是"双减"的精髓体现。

(二) "合中"共济,探寻深度思维

　　新课标明确指出,学生的合作精神与能力是重要的培养目标之一。之前的作业大多要求独立思考,没有将合作纳入作业设计中。对此,教师应布置一些需要团结合作才能完成的合作型作业,比如小调查、做实验等。这样的作业设计能促进学生之间优势互补,在思考中擦出思维的火花,进行有效合作。

　　例如,学生在认读时间的学习中存在的问题就是思维定式,把认识时间当成是记忆类知识加以背诵。不少学生只是记住了"分针指着 12,时针指着几,就是几时",但对这一结论从未思考过,而教材也没有涉及该问题。

这就导致在后续教学中部分学生无法理解与掌握关于时间经过时长的计算问题。由此,笔者设计了"我们一起合作"的项目作业来解决这一问题(见图9)。

作业开展片段如下所示。

组1:(制作了一个纸质表盘)把表盘展开,发现和直尺差不多。

0	1	2	3	4	5	6	7	8	9	10	11	12

组员A:(围成一圈)0不见了!

组员B:12下面藏着0,0和12重叠了!

组员C:所以当分针指着"12"时,其实就是指着"0",不多一分也不少一分,正好是几时整。

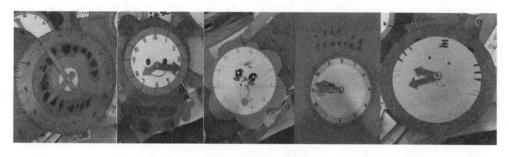

图9 合作探究作业

为了完成该作业,小组既有分工,又有合作,大家出谋划策,彼此信任,互相帮助,自制钟表,最后想出把表盘展开的办法。组员们在互助中促进理解,在交流中学会合作。这样的合作作业不仅让学生深刻理解了"分针指着12,时针指着几,就是几时整"的原理,还真切体验了"钟表圆形设计的"背后意图,更感受到了"时间就是这样周而复始地转圈,不间断流逝"的本质。

三、被动与主动更迭,让学生怀有温情

无论作业设计得多么巧妙,都是教师主动布置的,学生始终是在被动的状态下完成任务。大部分学生甚至很多优秀的学生都是这么想并这么做的——老师布置了作业,我按时完成即可。但学生是学习的主人,不是做题的机器,学生应怀有温情地去做作业。因此,教师应以学习者为中心,设计学生喜欢并能巩固与拓展知识的作业,将学生的被动学习更迭为主动学习。

(一) 融入生活,任务驱动前行

数学新课标指出,教师应该充分利用学生已有的生活经验,随时引导学生把所学的知识应用到生活中去,解决身边的数学问题,了解数学在现实生活中的作用,体会数学的重要性。因此,教师要将作业融入实践,从"写"的形式中走出来,增强知识的运用性。设计能够连接生活的实践性作业,促使学生尝试将所学知识进行深层消化理解,提高学生的实际应用能力,体验知识在生活中的价值。

例如,在学习了"长度单位"与"时间单位"这两个单元后,为了让学生能进一步理解长度单位分米、厘米、毫米,同时感悟时间的奥妙与神奇,笔者设计了任务驱动作业(见图10)。

班级:	姓名:						
任务:将番薯放在盛有少量水的杯子里,放在班级的植物角,看看它几天后发芽,再记录发芽后一周的根茎生长情况。							
发芽后的天数	1	2	3	4	5	6	7
根茎的长度(毫米)							
你有什么发现?把你的想法写下来吧!							

图 10　任务驱动作业

　　在完成该作业时,学生比以往量线段时更认真,用放大镜观察,反复用直尺量根茎的长度,以求科学、准确、无误。学生完成作业时是心情愉悦的,甚至都不需要教师去催他们完成。孩子们在晚托时纷纷迫不及待地去测量番薯根茎的长度(见图11)。通过一周的记录,有的学生感叹生命的神奇,短短几天,根茎的长度就变得有手指这么长;有的学生得出了根茎生长的规律;还有的学生交流了自己的

图 11　学生完成番薯根茎测量作业

"养成大法",怎样让番薯根茎长得更快。

在任务驱动下,学生从被动做作业,转变为愿意主动完成作业,并学会了根据在实际操作过程中得到的现象、数据等进行分析、推理、判断和计算,以解决生活中的实际问题。

(二) 寻求本质,建模练就主动

小学数学最终要培养学生的三类能力:逻辑思维能力、化繁为简的能力和透过现象看本质的能力。对于逻辑思维能力的培养,教师关注得最多;对于化繁为简的能力的培养,练习得也不少;唯独透过现象看本质的能力常常被我们忽视。有些教师认为,这种能力只可意会,不可言传,似乎不能通过训练来习得,只能靠学生个人感悟。

但事实并非如此,笔者在平行班中开展了对照试验:在一个班中坚持引导学生在完成求解的思考后,还要反思题目的表述特点和结构特征,并用一句话写出该题的本质是求什么;而在另一个班中不作该项要求。一学期后,反思建模的班级已经初步形成透过现象看出本质并建立题目的结构模型的能力。

例如,计算题:

$18 \times 3 - 250 \div 5$

$= 54 - 50$

$= 4$

这道题的本质是求 54 与 50 的差是多少,或者说 54 比 50 多多少,结构上是两步计算,分别通过先求积和商获得 54 与 50。如果学生的认识能到这一层次,那说明他自身的思维已从被动接受教师讲授知识的水平,转变为主动构建结构思维的水平。

再例如,对于统计内容,笔者设计了寒假作业(见图12),数据需要学生自己获取,即先算出每类商品占总开支的百分比,结构上是百分数的应用。学生能透过数据,归纳整理,建模成统计图(见图13),说明他们对于这些知识已经主动内化于心。

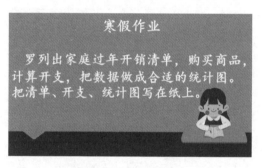

图12 统计作业设计

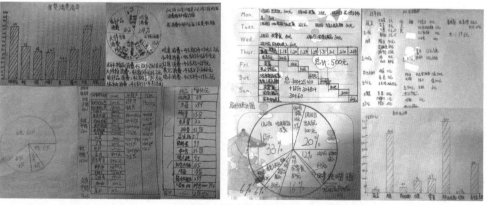

图13 学生的统计作业

据家长们反馈,学生会十分主动地获取数据,甚至为了节省开支货比三家;在绘制统计图时感叹"要花钱的地方怎么这么多",从而意识到自己不应再随意挥霍压岁钱。完成一项作业就达到了思维与情感的"一举多得"之效,充分发挥了学生的主观能动作用。

(三) 放权于生,空间推动发展

当学生做作业的主动程度大于被动时,教师可以最大限度地尝试放手,下放"权力",让学生自主参与作业设计,以激发学生完成作业的内驱力、积极性和创造性。笔者将作业放权于生后,学生以"主动有感情地完成作业"的行为代替了"按时完成就行"的态度。

例如,笔者在进行每个单元的复习时,都设计了这一课后作业:在本单元的所有作业习题中选择五道自己觉得出题出得最不好的题目,说明各自不好的原因,然后进行分析。再在本单元的所有作业习题中选择五道自己觉得出题出得最好的题目,说明各自好的原因,然后进行分析。

作业上交后,我发现学生的分析力与创造力超出我的预期。学生们有的从题目考查的知识点之间的关系角度,有的从解题思路的便捷性角度,还有的从对自身思维的提升作用角度分析题目出得不好的原因,如出题不严谨、不标准、问题过于单调等。这样的作业设计让学生深层次地自主整理与分析每个单元的知识点是什么,而不是被教师牵着走,以至于没有教师整理就不会自主复习。图 14 为部分学生对出得好的题目的分析:

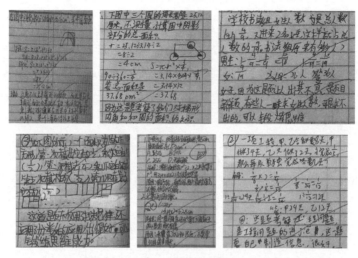

图14　部分学生对出得好的题目的分析

图 15 为部分学生对出得不好的题目的分析：

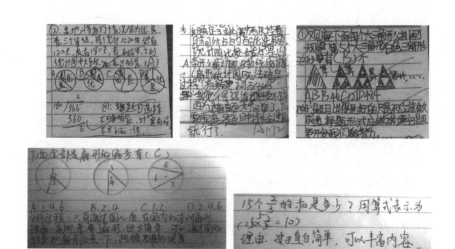

图 15　部分学生对出得不好的题目的分析

实践证明,这类"放权型"的作业深受学生欢迎,充分地激发了他们对作业的情感,展示了学生的潜能和水平。学生把被动做作业的"手动脑不动"过程转变成一个自主参与、主动学习的"心脑"行动过程,真正成为学习的主人。这时他们不会把作业看作负担,而是把自己的作业当成作品,怀有温情地去对待,并交出自己独具匠心的成果。

传统作业忽略了"人"的因素,容易使学生敷衍了事,无思想碰撞,思维固化。虽然获得了知识,却丧失了灵气和悟性。而"温心"作业不局限于知识的获取,而是让完成作业的过程成为学生知识、经验、智力、情感的积极体验。以学习者为中心的作业设计,不仅关注学生对知识要点的掌握程度,而且关注学生的作业情感,关注对学生的实践能力和创新能力的培养。在"双减"的背景下,教师要以学习者为中心,以均衡、同行、更迭为着力点研究作业设计,让每一次作业都能温暖学生的内心,为其成长助力。

参考文献

[1] 姚慧. 小学数学练习课实施分层次教学的研究[J]. 天津教育,2021(27):86 - 87＋94.

[2] 沈艳. 数学作业设计的个性化策略[J]. 小学生(中旬刊),2021(11).

[3] 王伟文. 以温暖的方式育温暖的儿童——"温暖教育"下学生情感素养养成初探[J]. 中国德育,2021(10):68 - 71.

[4] 李佳婕. 构建情智交融的"温暖课堂"——暖认知理念下的小学数学课堂教学策略[J]. 江西教育,2022(02):58 - 61.

施秋健　浙江省湖州市织里镇晟舍小学　数学教师　教龄 6 年

12. 温暖的科学教学　用"力"前行

教学是一件有温度的事情，教育是一项温暖的事业。只有温暖的教学，才能温暖师生，温暖家庭，温暖社会。温暖的教学并不是一朝一夕就能形成的，也不是某一件事、某一节课、某一次教学就能诠释清晰的，而是基于一件件温暖的事情，一次次用心的备课，一节节投入的课堂，一句句发自肺腑的话语……科学教学有着学科特殊性，科学教师只有加强对教材的理解、对课程标准的把握、对学生的深入认知，才能在自己的课堂上出现温暖的教学。温暖的科学教学是让孩子能够基于已有认知，联系生活片段，利用前概念解决新问题，再应用到生活中，成为一个会生活、爱生活、懂生活的新时代少年。

陶行知先生把一生奉献给教育事业，他的行动、他的理念、他的精神都足以温暖你我。"六大解放"思想是陶行知先生的重要理念之一，通过解放儿童的头脑、双手、眼睛、嘴巴、时间和空间来发展儿童，对孩子科学创造思维的培养有着至关重要的意义。

陶行知先生还提出"生活即教育""教学做合一""为生活而教育"。他认为生活是教育的中心,因而教学不能脱离生活,要注重培养学生的生活经验,在生活中去发现,去探索,去实践。科学教学也是如此,在科学课堂上,要解放儿童,将课堂与生活紧密相连,真正做到"生活即教育",处处解放儿童的思维,让课堂更接地气。

一、课例研究背景

这是一次四年级的展示课活动,需要借班上课,我自己执教的就是四年级,所以正好是熟悉的内容、熟悉的学生。苏教版《科学》新教材四年级上册第三单元的主题是"常见的力",整个单元都和学生的生活息息相关——先认识力与运动的关系,再分别讲解浮力、弹力、摩擦力的相关内容。教材中的内容几乎都来源于生活,因此学生的生活经验对课堂的推进尤为重要,这也能很好地体现学生之间初始概念的差距。学生个体有强有弱,而教师的目的是尽可能平衡学生的差距,让每一位学生的思维都获得发展,这才能凸显课堂与生活的不同。为了能让本单元顺利开展,我对起始课进行了大胆调整,将教学目标和重难点放在力的深层概念上,但因小学科学的教学又不能使用初中知识的讲解,所以必须把握度的问题。也就是说,既要基于熟悉的力的内容,同时又要创造难度,让学生在生活经验的基础之上,凭借自己的科学探索,最终促成概念的提升。

在备课之前,我反复思考,对于学生非常熟悉的名词或内容,怎么能让学生更投入、更感兴趣呢?是新颖还是有趣呢?创新?高科技?现代化?信息化?⋯⋯我翻看了很多相关的论文案例,甚至问学生科学到底是什么。虽然孩子们还未在科学课上学习力学知识,但其实他们已经有了很多想法,如对于力气、力量、万有引力、摩擦力等的认识。挖掘出孩子们对力的前概念,同时使他们通过系统的学习真正理解力的概念并掌握相关科学知识,这是我课前定下的教学指向。

在备课的过程中,我曾尝试了新型教具,例如益智环、精美的记录单等,希望带给学生不一样的神奇体验。但这样的设计虽然新颖创新,却失去了科学课的本质意义,好像只是为了挑战学生,而忽略了学生的真实体验。最终,我将教学定义为:从生活中学科学,在科学中学生活。无论如何,课堂是服务于孩子们的生活的。学习科学知识不就是为了让学生更好地解释生活中的各种现象,更好地生活吗? 基于以上认知,本单元的起始课形成了大胆又贴近生活的教学设计。

二、课例实施过程

片段一:生活礼节——引出前概念,爆发冲突

师:同学们,今天是老师第一次给你们上课,我们的课堂也来了很多客人老师们,作为小主人,是不是应该热情地欢迎各位老师的到来呢! (学生鼓掌)看来大家热情不高嘛,掌声不够热烈呀,再来一次。(学生再次热烈鼓掌)

师:同学们思考一下,在我们鼓掌的时候怎样可以让掌声更大一些呢?

生:用更大的力气。

片段二:生活场景——诱发深思考,感悟概念

出示图片,展示生活中的三个场景:(1)手打沙包;(2)头撞足球;(3)多个硬币压海绵(见图1)。

师:这些场景中有力吗? 在哪里呢?

生1:手把沙袋打瘪下去了,有力。

生2:头和足球之间相互撞击,有力。

生3:硬币把海绵压凹下去了,硬币和海绵之间有力。

图 1 出示生活场景

师:不同的物体之间产生了不同的力,那么,产生力的现象中有没有什么共同点呢?

生 1:都需要两个物体才能产生力。

生 2:不同物体之间要么碰撞要么挤压,物体接触的地方都发生了形状上的变化。

师生小结:物体与物体相互作用产生了力。

深入探究:出示图片,显示一枚硬币压在海绵上(见图 2)。

图 2 探究硬币与海绵

生1:一枚硬币与海绵之间不存在力,因为海绵没有发生变化。

生2:一枚硬币与海绵之间有力,但因为力太小了,所以海绵不会被压下去。

生3:一枚硬币与海绵之间其实有力,只是一枚硬币太轻了,即使海绵有变化,我们也看不出来,可能在显微镜下才能看到。

学生活动:利用一枚硬币与海绵进行实验并细致观察。

问:(1)一枚硬币与海绵之间还有力吗?

（2）将硬币放在凳子上,有力吗? 在哪里?

（3）将凳子放在桌子上呢? 有力吗? 在哪里?

（4）小朋友坐在凳子上呢?

（5）你还能说出身边哪里有力吗?

通过探讨一系列看不见的力,学生逐渐认识到力的本质属性。

片段三:生活实例——转向真探究,得出结论

出示图片,展示包饺子的制作流程:和面—擀面皮—塞馅—捏形(见图3)。

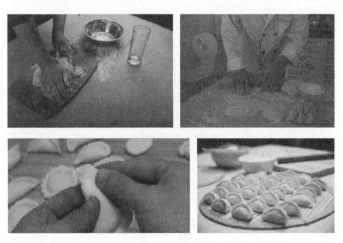

图3　包饺子流程

学生提出问题:在包饺子的过程中,有哪些地方产生力了? 小组互相讨论,对于手揉面、擀面杖擀面皮、手捏饺子皮等非常明显的产生力的过程,学生很容易说出来,但是更为细节静态的产生力的过程学生便不易分析出来。

教师出示橡皮筋、弹簧、玻璃球,让学生借助三种物品,用手与它们产生力,观察这些物品有什么变化,探究力产生的条件。学生通过用手拉橡皮筋、用手拉或者压弹簧、用铅笔弹玻璃球等过程,近距离地观察物体之间如何产生力,更好地理解了力产生的条件。

片段四:生活游戏——插入趣玩耍,延续拓展

1. 游戏一:初步探索——弹棋子

规则:将棋子放在棋纸的起始位置上,并弹入不同的圆圈,得到相应的分数。

活动:学生利用器材进行弹棋子游戏。学生发现并没有想象中那么简单,很难控制力度,需要多次练习才能更准确地弹入规定区域。

结论:控制好力的大小、方向、弹的作用点就能控制好手和棋子之间的力了。

2. 游戏二:学以致用——纸跳蛙

规则:每人折好一只纸跳蛙,课后和班上同学比一比怎样让自己的纸跳蛙跳得更高、更远。

学生结合上一个游戏的经验,发现需要同时控制好力的大小、方向以及力的作用点,才能更好地完成游戏。

三、课例研究反思

温暖的教学是孩子在课上有所收获的过程,教师需要不断设计与反思教学,让孩子在有限的课堂学习时间里更高效地学习与思考,让教学真正温暖起来,让

学生真正爱上课堂爱上学习,用身心感受学习的暖心之处。

科学教学中的温暖在本节课例中的具体表现便是解放儿童。以往的课堂中,教师与学生是权威与服从的关系,现在则要使师生之间形成一种对话、理解与共享的关系,是"我"和"你"的关系。小学科学课程是以培养科学素养为宗旨的科学启蒙课程。只有师生之间形成平等包容的相处模式,才能真正达到提升儿童科学创造力的目标,才能真正温暖育人。

解放儿童的头脑、双手、眼睛、嘴巴,是陶行知先生六大解放中的前四项内容,如何联系生活实际大胆有效地解放学生的头脑、双手、眼睛、嘴巴,是本案例重点关注的内容。六大解放的后两部分是解放儿童的时间和空间,在我看来,科学课堂内外,无时无刻不体现儿童时间和空间的解放,这两者的解放已渗透在前四者解放的点点滴滴中。只有解放儿童的一切,才能真正温暖所有参与教学的人。

(一) 解放儿童的头脑——勤于思考,激活思维风暴

温暖的科学课堂,不是让孩子们抱臂坐正,教师进行填鸭式讲授,而是解放孩子们的头脑,从导入到探究再到延伸,每时每刻都让孩子主动参与其中,勤于思考,展开风暴式的交流与思维撞击。将科学课堂的学习与生活经验紧密联系,这样对各个层次的孩子都是公平统一的。

1. 思考于导入——生活礼节开场,释放科学前概念

对于孩子们而言,我是一位陌生的教师,同时还有那么多双陌生的眼睛看着他们,为了缓解紧张与陌生感,我以生活礼节——鼓掌欢迎的形式,让他们消除戒备,再以最简单的提问开场,引发前概念,让他们更加大胆地叙述,不用去思考对错。大部分孩子对力的理解停留在力量、力气等方面,通过简单的鼓掌将学生的前概念挖掘出来,一举两得。让学生利用生活经验去判断,无论对错,只要能大胆思考,将生活经验挖掘出来,就达到教师预设的目标了。例如,本节课的导入有效

帮助孩子们快速投入到课堂之中,放下对新教师的戒备,并与教师温暖互动,使得课堂呈现出非常轻松愉悦的开场,为接下来的学习奠定温暖基调。

2. 思考于课中——生活物品贯穿,展现科学探究欲

一节有趣高效的科学课肯定离不开学生自始至终的思考,如果只是单向地传授知识,学生被动地学习,这样的课堂教学注定是失败的。在教师的引导下,孩子们从一开始思考掌声大小与什么有关,再到思考如何描述生活中熟悉场景中的力,慢慢地开始思考力的本质概念。教师的任务就是让孩子们深入思考更有挑战性的问题,将看得见的形变转换成看不见的内涵,这时候学生的思维必须高度集中,没有一连串的思考根本无法做出正确的判断。这种思考相比较导入时的思考,更加系统缜密,要求学生将前后内容连贯起来,并依靠自己的大脑做出科学的判断。

整节课中层层递进的思考都源于生活场景、生活物品。从生活中思考科学知识,对于四年级的学生来说,更符合其身心发展水平。生活是孩子们每天都在体验的,他们更愿意记住生活片段中快乐开心温暖的瞬间,将科学教学与生活紧密联系。利用孩子们记忆深处的温暖片段激发其进行课堂探究,何乐而不为呢?

3. 思考于课后——生活游戏插入,延伸科学想象力

课堂学习是有限的,而生活是充满无限可能的。为了能更大程度地提高和培养小学生的科学思考能力,必须让孩子们将课堂所学延续到课堂之外的生活之中。学生的思考不能仅停留在有教师的课堂中,还需延伸到没有教师指导陪伴的课堂之外。

在课堂的弹棋子游戏中,学生开动脑筋,得出相关结论,顺势将这种思考延伸到课堂之外的生活游戏中。纸跳蛙材料简单易操作,不需要教师监督,因为爱玩是孩子们的天性,但是有了基本的科学知识,便不再是单纯的游戏,而是带着问题、带着目标、深入思考,这样的科学学习才是完整高效的!

课后对学生家长进行非正式访谈,我发现绝大多数孩子都乐于将课堂所学与家人分享,将纸跳蛙当作宝贝,这样的亲子互动一定会营造出温暖如画的美好瞬间。

(二) 解放儿童的双手——乐于操作,成就惊奇创造

陶行知认为手的解放是人类进化的关键环节。"人类自从腰骨竖起,前脚变成一双可以自由活动的手,进步便一天千里,超越一切动物。"在平时的科学课堂上,学生自身对做的"过程"比对做的"结果"更感兴趣,动手做的过程给他们带来了极大的满足感。

本节课是物理学的内容,必须解放孩子的双手,让学生亲自动手去探究各个问题。也许概念只有一两句话,但是每一个科学概念都是科学家经过无数次的实战操作得出的,我们要把孩子们看成一个个小小科学家,让他们在课堂上去经历科学家做过的事情。

(1) 用力"拍"——轻轻拍手,击打中用身体感受力的存在;

(2) 用力"玩"——玩橡皮筋、弹簧、玻璃球,动手中发现力的作用;

(3) 用力"弹"——"弹棋子"趣味游戏,玩耍中感悟力的三要素;

(4) 用力"按"——按压纸跳蛙,操作中内化力的概念。

学生通过自己动手操作,亲身体验力的奥秘,再去解释生活实例,思考生活中与之有关的内容。这一系列精细设计的环节解放了孩子们的双手,让他们乐于操作,爱上动手,满足于自己的收获;让孩子们的笑脸留在课堂之上,让他们将温暖的教学铭记于心。

(三) 解放儿童的眼睛——善于观察,发现科学奥秘

解放学生的眼睛,让他们学会看,学会观察周围的事物,只有学会观察,才会

有发现。观察力是创造力的起点,是聪明大脑的眼睛。相关研究表明,人类80％的知识和信息是通过眼睛获取的。所以在科学教育中,加强学生的观察能力是科学教育的重要环节所在。"解放儿童的眼睛",就要求我们在教育教学过程中,注重提升学生的观察能力和观察兴趣,培养学生对新知识高度关注的态度。

"观看"生活场景图片,回忆起自己亲眼所见的动态场景,将图片转为课堂演示,将平面内容还原成真实情境;

"观察"研究生活实物,在自己动手的过程中,目不转睛地注视着自己的实验材料,不放过任何细微的变化;

"审视"实验记录单,将立体的动态呈现转变成平面的静态展示,聚精会神地注视着自己小组的研究成果;

"注视"同伴们精彩生动的汇报,努力寻找自己和别人不一样的发现与创新……

这一切的一切,都告诉孩子们,在科学学习的过程中,必须善于观察,不仅仅是聚焦于观察事物,还要带着灵动的思维,不停思考,主动关注身边的每一个细节。不仅要观察过程还要观察结果,不仅要观察结果还要观察科学的内涵,真正将生活中观察到的一切引入到课堂学习中,再将课堂的丰富探究回归到生活的细致观察中。让温暖的教学瞬间定格在每一个学生的眼里,再深深地印在心中。

(四) 解放儿童的嘴巴——敢于表达,描述真实感悟

一位著名的思想家这样评价自己的弟子:"虽然他在学问上有不凡的建树,但他不会再有进步了,因为他已经没有问题了。"可见,敢于说出自己的想法比只会书写更加有意义。

1. 师生对话,不是权威服从,而是平等共享

几乎所有的课堂都离不开师生间的对话,有些师生对话就是权威与服从的关

系,是明显的师与生的交流,而真正的对话应是你与我的关系,更多的是理解与平等。小学课堂更应如此,科学课程涉及的知识广阔纷繁,学生间层次各异,教师必须降低自己的预期,当一个未知者,要将"你怎么知道的呀""你的知识面真丰富""你就是我们班的小科学家"等话语练成自己的口头语。当学生说出一枚硬币放在海绵上没有力的时候,不要直接给出否定性的评价,而是多问一句:你有什么证据吗? 当孩子说出来之后先表示欣赏,再问问其他同学是不是也这么认为,让学生之间产生矛盾,互相辩论,最终得到正确的结论。此时的对话已抛开教师、学生的身份,是完全自由平等的关系,这会让课堂更有成效,让彼此的交流更加自然、温馨。

2. 生生互说,不是杂乱无章,而是归纳整合

科学课比其他课多了一个乐趣,便是经常展开激烈的小组讨论——组织得好,便是在有效积极地讨论问题;组织得不好,便成为多余的摆设。所以讨论前的提问一定要明确清晰,让孩子们有话题可讨论,有观点可发表。本节课有两次小组集中讨论的机会:第一次,当孩子们玩过弹簧、橡皮筋之后,小组讨论力的作用是什么,并概括记录;第二次,在弹棋子游戏结束后,交流得高分的经验,并写下来与大家分享。这两次讨论及时有效,在学生操作结束后,集思广益,用最简洁概括的语言描绘出小组的结论,结果是孩子们把教师想要板书的内容全盘托出,教师只充当着倾听者的角色。这样的课堂对于教师来说不就是最温暖的吗? 教师通过精心设计,将课堂还于学生,让学生成为学习的主动者,而教师作为倾听者、辅助者,内心一定是温暖欣喜的。

(五) 解放儿童的"两间"——乐于学习,释放科学思维

陶行知先生的六大解放思想影响了一代又一代人,解放儿童的头脑、双手、眼睛、嘴巴,最终都是为了解放儿童的时间和空间,让孩子们全方位地学习,在生活

中学习,将学习应用于实际生活。

解放儿童的时间,不逼迫他们赶考,使之能学习自己渴望的东西,让学习变成一件快乐的事情,让孩子们在科学课堂上,做自己的主人,自主学习一切想学习的科学趣味知识。解放儿童的空间,让孩子们接触大自然和社会,在广阔的科学探究中感悟自然的美妙与神奇,并将所学应用到日常生活之中,解放一切可以解放的思维空间。

其实,解放儿童的时间和空间贯穿在以上所有的解放之中。对于内容丰富、涵盖广阔的科学这门学科,每时每刻都需要以解放孩子的时间和空间为基础,从教室的布置、座椅的排列、小组的设定、组员的分工、课堂的模式、探究的内容、讨论的主题、结果的呈现等方面体现出对儿童时间和空间的解放。只有以学生为主,解放学生的一切,教学才是一件有意义的温暖之事。

著名作家契诃夫说过:"科学是人们生活中最重要、最美好和最需要的东西。"随着科学技术发展日新月异,社会竞争越来越激烈,科学教育的重要性日益凸显,这就要求学校、教师、家长、学生更加主动自觉地学习科学知识。只有师生、社会共同关注,家长积极配合,孩子才能成为学习的主人,而不是被动者。将传统课堂的"师"与"生"的问答对话,转变成民主、自由、和谐的"你"和"我"的平等对话,让我们的课堂不再是铃声开始、铃声结束的模式,让孩子们关注生活中的点点滴滴,解放自我,让身边的任何一点都成为探究学习之处,给学生更加开放自由的空间,让孩子们在科学探究之路上温暖前行!

参考文献

[1] 陶行知.陶行知谈教育[M].沈阳:辽宁人民出版社,2015.

[2] 陶行知.陶行知教育箴言[M].哈尔滨:哈尔滨出版社,2011:2.

［3］龚晶.陶行知"六大解放"思想对幼儿创造性的启发[J].幸福家庭,2020(8):26.

［4］江苏省陶行知研究会,南京晓庄师范学校.陶行知文集(下)[M].南京:江苏教育出版社,2008.

［5］涂怀京.陶行知的"六大解放"及其拓展意义[N].教育时报(第二版),2008-5-14.

丁青　江苏省南师附中仙林学校小学部(南邮校区)　科学教师　教龄9年

第四章

管理：尊重主体的需求

教育的主体问题一直是教育研究的重点。石中英曾指出："教育作为培养人的活动,人们如何认识人,就如何培养人。故对人主体性的预设,是教育实践和理论研究的根本问题。"在现实教学实践中,一线教师虽然对教育的主体问题有一定的认识和见解,但因没有主体性教学目标和主体性教学实践经验的指导,往往难以从抽象的理论中提取出切实高效的操作模式,难以将对教育主体的认识贯彻于课堂教学之中。

如何在具体的教学设计中体现教育主体意识,尊重和满足主体的需求?本章的四篇文章对此从不同角度进行了尝试和探讨。《有道有术的观察,是集体教学活动中温暖的良方》在大量的听课评课中关注到教学活动方案的设计、活动目标的制定、教师的情绪调动、教具的设计如何围绕学生的问题并进行了实践探索;《让"生态"成为儿童发展的温暖底色》基于幼儿在教学中的位置,了解幼儿的最近发展区并结合学校附近的生态特色设计活动;《疫情下的"线上之声"进化史》则从学生疫情居家期间的需求入手,创建公众号进行线上故事播放,提供了家长录书、学生互动等多样服务,满足了学生的需求;《圆桌谈话:游戏对话中的"温暖"》从传统游戏分享模式存在的问题出发,以圆桌谈话的形式开展游戏分享,引发了多边对话,关照了学生的情感体验,体现了学生的教育主体地位。四篇文章对于如何在教学实践中体现对教育主体的关注,有不同的阐释和实践方法,展现了一线优秀教师的探索情境,是对教育主体性应用于实践的有益探索。

13.

有道有术的观察，是集体教学活动中温暖的良方

一、研的缘起——听课评课遇到的瓶颈

从教十多年，我参与了无数次的听课评课。在每次的听课评课中，我习惯于记录教师在教学活动中的提问和回应，分析提问是否有效，回应是否及时，能否对幼儿的经验有所提升；习惯于记录幼儿的回答，分析是否围绕教师的提问展开，是否在教师的引导下形成发散性的思维；习惯于记录教师在教学过程中的亮点和不足，对亮点加以肯定，对不足提出自己的见解……

在日复一日的听课评课中，我也习惯于关注以下方面：

第一，集体教学活动中活动方案的设计，如活动目标的制定是否合理，环节的设计是否有效，教具的准备是否充分……

第二，集体教学活动中教师的表现，如教师能否利用自身的情绪情感调动幼儿的积极性，教师在教学活动中如何及时抓住幼儿的回答进行提炼和总结，教师

在活动中是否关注了幼儿的表现……

第三,教学活动过程中教具的使用,如教具的设计能否为活动目标服务,教具的设计在使用时是否有效、是否美观,教具的使用能否体现出幼儿对活动内容的理解……

我们总以为通过这样的听课评课,教师不断得到磨炼,就有能力让幼儿学到更多。然而事实真的如我们所想吗?听课评课中,我们关注了教师、集体教学活动方案设计、教具制作,但是恰恰忽视了集体教学活动中最关键的部分——幼儿。

我们往往忽视了:集体教学活动前幼儿的已有经验,集体教学活动中幼儿是否喜欢、是否积极参与,活动是否让幼儿有收获。

二、道的改变——集体教学活动前中后的尝试

一次偶然的机会,我有幸参与了区教研室开展的课例研究活动。在这次课例简修坊活动中,教师由听课评课变为观课议课。这不只是名称的改变,而且观的方式、议的内容都发生了变化。

(一) 集体教学活动前,注重前测,把握幼儿学情

前测中,了解幼儿当前学情。

前测,是指教学活动开展之前,教师在没有任何干预的情况下,根据教学目标、内容等设计相关问题,对孩子的原始水平进行测试。在之前的集体教学活动中,教师的教学设计都是基于对幼儿经验的主观了解,并没有通过有效的措施真正了解幼儿的当前经验。而教学设计应该建立在对幼儿当前学情了解的基础上,从幼儿的实际出发开展让幼儿感兴趣的活动,这样才能让教学设计有依据,才能提高课堂教学的效率。因此,教师需要通过前测的方式来了解幼儿的当前

学情。

前测中教师提供的材料应该能够为活动目标服务。通过观察幼儿对所提供材料的运用情况，教师能了解到幼儿具备了哪些前期经验，如：幼儿对材料使用的经验、幼儿对材料的使用情况、幼儿使用材料后得到的结果等。前测中教师提出的问题要能体现出活动的重难点。通过与幼儿的对话，教师可以了解到他们有关活动重难点的一些信息，比如：幼儿的知识储备、幼儿的认知能力、幼儿的学习情况等。

前测是教师与个别幼儿以聊天的方式进行的，可以选择在活动室或是闲置的教室里，给幼儿创设一个轻松、愉悦的环境，让幼儿能够毫无保留地与教师进行沟通。

通过前测，我们可以找到真实的教学起点，不仅包括幼儿已有的知识经验，更包括幼儿未知的、困惑的、错误的知识经验。教师可以围绕前测中所暴露的问题进行调整和设计。

（二）集体教学活动中，注重跟踪观察，关注幼儿体验

活动中，关注幼儿学习情况。

在以往的教学活动中，我们将关注的重点都放在教师的教上，缺乏对幼儿学的关注。观课教师们都端坐在座位上，将摄像机对准执教老师，关注着执教老师的一言一行。执教老师在教学活动中如何与幼儿进行互动？执教老师在哪些地方的回应做得比较好？执教老师是如何促进幼儿与幼儿之间的互动的？……对于活动的反馈更多的是凭感觉、凭经验，缺少有力的支持依据。因此，我们只能看到幼儿整体的学习情况，如：教学知识点的掌握、教学目标的达成情况等，却关注不到个别幼儿的发展，缺乏与幼儿学情的共振，师幼双方都难以感受到学习带来的快乐。

现如今，我们将拍摄录像与观察的对象从教师调整为幼儿，选择一个幼儿，采用视频录像、记录表记录的方式，进行一对一的跟踪观察。观课教师找到自己观察目标幼儿的位置，或站到幼儿的身边，近距离地聆听和观察幼儿；或站在侧前方，拿出手机拍摄幼儿在活动时的表现。同时，教师运用记录表，记录下对幼儿在活动中表现的最直接印象，为活动后的交流分享提供有利依据。这种细致的观察，能够帮助我们更好地了解幼儿在活动中的整个学习过程，也能让我们进一步了解幼儿的学习情况。

基于学情，以集体教学活动为载体，通过课堂观察探究幼儿在活动过程中表现出来的思维情况、认知状态、个性发展等，这正是我们目前所需要的。

（三）集体教学活动后，注重后测，检验教学目标达成

后测中，检验幼儿学习成效。

后测是为了验证观课教师在先前观察过程中的问题，并对幼儿在本次活动中的学习目标是否达成进行检验。后测是在教学活动结束后立即完成的，给了幼儿复盘的机会。以前的教学活动中并没有后测这一环节，教学环节的结束就意味着整个教学活动的结束，观课教师评价一项活动通常是看幼儿在教学过程中学到了什么、教学目标达到了多少，都是以各自的经验作为评价标准的。有了后测之后，我们很快就能看到执教老师的教学效果：是否解决了前测出现的问题，是否完成了教学重点，幼儿在此过程中获得了什么。这为之后的教学活动提供了改进的依据，让教学成果的检测更具科学性。

通过后测，教师们可以进一步了解幼儿在活动中最真实的感受和体验，从而顺利突破教学难点，达到事半功倍的效果。

三、术的实践——"不起眼男孩"带来的冲击

通过与专家的面对面沟通，我对"观课议课"的操作流程有了一定的了解。接下来，我们尝试立足集体教学活动现场，将"观课议课"付诸实践。

（一）前测中：我看到经验略显不足的9号男孩

在教学开展前，我对幼儿进行了前测，以便更好地了解幼儿真实的认知状况。在前测的时候，我选择了积木进行测试，想通过幼儿搭积木的行为来了解他们与同伴的合作能力。

在前测中，我先是针对合作问题对这次的观察对象9号男孩进行了提问，在和9号男孩的对话中了解到，他和同伴的合作经历只有一次。当我问道："你和好朋友平时会怎么搭积木？"9号男孩回答："我们就随便搭。你搭你的我搭我的。"而在之后搭积木的环节中，他和同伴的行为也正如他所说，"你搭你的我搭我的"。

在前测过程中，我们可以了解到9号男孩的合作经验欠缺，只有一次合作搭建经历，而且从幼儿的描述中知道两位幼儿只是简单分工，并没有真正地合作完成一项任务。此时，我对他是否能顺利完成今天的活动产生了疑惑。带着这个疑惑，我们开始了教学活动……

（二）观课中：我看到一位想被重视的男孩

教学活动开始后，我们对自己的观察对象进行一对一的观察，并利用视频拍摄的方式记录下幼儿的整个操作过程，方便之后的回看和分析。同时，我们还借助记录表将观察聚焦在幼儿搭建过程中的合作行为上，观察幼儿是如何合作的，是和同伴共同搭建还是协助搭建，在搭建中是主动帮助别人还是寻求他人帮助，

在合作中是占主导地位还是从属于他人。在材料上,我们提供了10个杯子和一卷胶带、一把剪刀,要求幼儿用这些材料搭建一幢又高又稳的楼。

1. 初次操作

在第一次搭建中,9号男孩与另外一名女孩和一名男孩一组,他们的搭建方式是你放一个杯子我放一个杯子。轮到9号男孩时,他用手接过女孩递过来的杯子,女孩指了指两个杯子的一侧,示意他放在这里;同伴男孩指了指两个杯子的前面,示意他放在那里。9号男孩犹豫了一下,还是听从了同伴男孩的建议。

接着,女孩又放了一个杯子,桌上的杯子呈现为一个菱形,同伴男孩准备继续放的时候,女孩把四个杯子排成了一排。同伴男孩又把杯子恢复成原样,然后就准备把手里的杯子继续叠上去。9号男孩说:"可是我觉得这样不太好。"女孩又把杯子排成一排,说:"按照我们刚才说的方法搭。"9号男孩说:"我再想想。"

这时,9号男孩看到了隔壁桌子搭的高楼,就对同伴说:"看她搭得多好!"(隔壁桌子采用的是杯口叠杯口、杯底叠杯底的方式,搭建了"一"字塔形高楼)女孩看了一眼后转过头,依旧坚持自己的想法,把杯子排成一排,还在上面加了第二层杯子。同伴男孩看了一眼后说:"也可以。"三个人你放一个我放一个,搭出了四层高的金字塔形高楼。临近结束时,9号男孩又看了看隔壁桌子搭的高楼,说道:"我不同意你们的搭法!"

从这一次的操作过程中可以发现,9号男孩在同伴之中并没有占主导地位,相反,他的两名同伴很有主见。在刚开始搭建的时候,几个人并没有真正理解老师的要求(搭一幢又高又稳的楼),所以同伴男孩想围成圈,同伴女孩想排成一排,虽然9号男孩也有自己的想法,但是他的想法得不到他人的支持,他只能默默地选择配合。当9号男孩看到其他桌的成果时,他其实是想让同伴和他一起换一种搭建的方式,但是他的意见仍旧没有被同伴重视,因此三个人最后搭出的是金字塔形高楼。

（1）观察中获得的经验也是一种学习

9号男孩在犹豫不决的时候,看到隔壁桌子搭的高楼,就对同伴发表了自己的见解,想得到同伴的支持。当时女孩看了一眼后仍旧坚持自己的想法,而同伴男孩虽然说着"也可以",但也没有进一步的行动支持。然而,正是9号男孩这无意间的观察,让他理解了"搭一幢又高又稳的楼"这句话的意思,他已经知道怎么做才能达到老师的要求,这是他通过观察,从他人的前进脚步中获得的经验,这对于9号男孩来说也是一种学习。

（2）坚信自己也是一种学习品质

在搭建过程中两名同伴都没有支持9号男孩的意见,见自己的想法被同伴忽视,9号男孩只能顺从同伴的想法,和他们一起搭建了金字塔形的高楼,但是临近结束的时候,9号男孩还是坚持自己的想法,所以他对同伴说:"我不同意你们的搭法!"从这句话中可以看出,9号男孩其实很有自己的想法,到活动最后他还是在坚持,可是当面对比自己强势的同伴时,他没办法去实现。或许,如果他遇到的两个同伴的性格没有这么强势,他就能更好地去展现自我。

2. 再次操作

了解到"一"字塔形高楼是搭得最高的一幢楼后,孩子们进行了第二次搭建。9号男孩一组将两个杯子口对口叠在了一起,女孩和同伴男孩正想要用胶带去粘的时候,上面的杯子倒了下来,女孩和9号男孩同时上去把杯子扶住,三个人一起把两个杯子固定住。

紧接着,因为最下面的两个杯子粘贴得有点歪,所以第三个杯子一放上去就会掉下来。注意到这点后,女孩和同伴男孩开始重新粘贴。9号男孩则在剪新的胶带,可刚剪下来的胶带因为粘在一起没法用,所以女孩又重新去剪胶带。这时,同伴男孩说道:"谁来帮我扶一下?"9号男孩听到后赶紧帮忙,用双手帮同伴扶住杯子。

女孩的胶带剪好了,同伴男孩扶着杯子,女孩准备用胶带将两个杯子固定住,她一手拿着一长条的胶带一手还要放杯子,有点忙不过来。9号男孩发现女孩需要帮助后又赶紧上去帮忙扶住杯子,女孩用胶带将杯子的连接处围了一圈,可是,胶带再一次粘在了一起。

9号男孩看了看旁边的桌子,说:"你们这个方法我不同意。"说完他将新的杯子叠放在"高楼"上,但都被女孩拿了下来,最终,他们搭了5层高的楼。

在第二次的搭建中,9号男孩全程都没有太多的话,俨然成为同伴的小助理,当同伴有需要的时候,他就主动上前帮忙;当同伴都在忙的时候,他就一个人默默地在旁边剪胶带。在这期间,9号男孩也试着引导同伴用别的方法搭高楼,但都被同伴漠视了,面对如此强势的同伴,9号男孩最终放弃了抗争。

9号男孩会发生这样的改变,有可能是因为有了之前不太愉快的合作经验,再加上他两次搭建过程中的提议都没被同伴采纳,所以就选择默默地为同伴服务,哪里有需要就往哪里跑。

(1)默默的付出成就合作

虽说9号男孩在这次搭建过程中和同伴并没有太多语言上的交流,但是在同伴需要帮助的时候,他能够放下手里的事情,一会儿帮忙撕胶带,一会儿帮忙扶杯子,全程都在默默付出,成为同伴坚强的后盾。这何尝不是一种合作的体现!

(2)小小的建议需要支持

在这次的搭建中,9号男孩在临近结束时,又提出了想法:"你们这个方法我不同意。"可惜的是,女孩和同伴男孩都没有支持他的想法,所以对于9号男孩的建议我们也就无从得知了。但是,如果这个时候有人愿意倾听一下他的建议,尝试用新的方式搭建的话,未尝不会是一次新的体验!

（三）后测中：我看到一位倔强又无私奉献的男孩

由于在整个活动过程中，9 号男孩这一组的"高楼"并没有真正成功，他们三个人的合作也总是伴随着这样那样的问题，因此，在活动结束后，我们给了幼儿再一次合作的机会，试图从中进一步了解幼儿的合作情况。

在后测中，我让 9 号男孩和他的同伴再次合作进行搭建。在搭建过程中，同伴男孩和女孩选择用围合的方式搭建。9 号男孩将桌子上的三个杯子摆成三角形，然后在上面又放了一个杯子。同伴男孩看到后立马把上面的杯子拿了下来，很显然，他并不同意这种搭法。9 号男孩看了同伴男孩一眼，同伴男孩按照第二次搭建的方法，将杯子一个正一个反地叠上去。

三个人僵持了一会儿，然后 9 号男孩开始自己一个人搭，同伴男孩和女孩一起搭。当 9 号男孩摆到第六个杯子的时候，同伴在摆第三个杯子，眼看着最上面的杯子要掉下来了，9 号男孩及时伸手扶住了杯子，而自己的"高楼"却全部倒了下来。9 号男孩看了一眼，没有去管自己的"高楼"，反而继续帮助同伴男孩扶住杯子，方便同伴男孩和女孩用胶带将杯子固定住。

之后，9 号男孩撕胶带的时候，同伴男孩用剪刀帮他剪下来。同伴男孩接过胶带的时候，9 号男孩又去帮忙扶杯子。

后来，9 号男孩又开始了一个人的奋斗，他试着再次将两个杯子粘到一起，但尝试了很久都没有成功，这时，同伴男孩递给他一段胶带，他成功地将两个杯子粘到了一起，不过他没有继续搭建自己的"高楼"，而是装到了同伴的"高楼"上，接着又帮助同伴粘胶带。

就这样，三个人把 10 个杯子全都变成了"高楼"！

在后测刚开始的时候，虽然 9 号男孩和同伴的意见一直相左，甚至后来各自为营，但是，当同伴的搭建出现问题的时候，9 号男孩还是第一时间前去帮助，就连自己的"高楼"倒了也没有在意。可见，他虽然嘴上说着"不同意"，但在潜意识里，还是愿意和同伴一起合作的。通过后测,我发现9号男孩在合作方面虽然还有很大的提升空间,但同时也看到了他身上的闪光点:默默付出,不计较个人得失。

原来,离开了老师的"教",孩子也能够获得很多。

四、有道有术,让集体教学活动有了温暖

(一) 不经意的帮助,让幼儿合作升温

《幼儿园教育指导纲要(试行)》中指出:"引导幼儿参加各种集体活动,……学习初步的人际交往技能。"[1]在竞争激烈的现代社会,人们越来越重视团队合作,合作能力也被认为是一个人最重要的素质之一。

在一开始的活动中,虽然9号男孩一直是被同伴忽略的对象,即使他一而再、再而三地对同伴提出合理的建议,但是一直不被重视,于是他选择了隐忍,默默地为自己的同伴付出。三个人的合作看似缺乏谦让精神,发展不够稳定,但最后9号男孩一个发自内心的举动,让他们的合作升温了。

1. 手心传来的温度

在9号男孩和同伴产生分歧各自搭高楼的时候,9号男孩搭建的速度明显比同伴快。同伴的"高楼"并不稳固,很快就面临倒塌的危险,但在这个时候,9号男孩的一个举动让人意外:他不顾自己"高楼"倒塌,反而伸手去扶住了同伴的"高楼"。虽然这只是一个小小的举动,却把他内心的热情传递给了同伴。一双带有温度的手,温暖了对方,也温暖了自己。

2. 同伴带来的温度

虽然后测一开始三个人各自为营,但9号男孩的举动感动了同伴男孩,所以后来当9号男孩撕胶带的时候同伴男孩就用剪刀帮他剪下来,当9号男孩苦于整理胶带的时候同伴男孩就直接把剪好的胶带递给他。帮助是相互的,就在9号男

孩传递温度的同时，同伴男孩也将自己的温度回馈给了他，两人之间的合作正式启动。一份真挚的热情，温暖了彼此。

（二）转变观课议课角度，让教师专业升温

近年来的课堂改革，一再强调要把学生的被动学习转变为主动学习，让学生在课堂上有成就感、享受感，自觉主动地把身心都留在课堂上。同时，还强调教师要以学生为中心，改掉以前只重输出不顾接收的教学理念。

在以前听课评课的过程中，上课教师都会成为"焦点人物"，听课教师缺乏对幼儿学的关注，这就容易导致教师的教学改进只是在"术"的层面上下功夫，缺乏与幼儿学情的共振，师幼双方都难以感受到学习带来的快乐。转变了观课议课的角度之后，教师对于集体教学活动也有了不一样的领悟。

1. 从聚焦教师到聚焦幼儿，理念升温

用"观课"代替"听课"，用"议课"代替"评课"。"观"的对象由教师变为幼儿，"议"的内容由教师的教学方法变为教学过程中发生的有价值的教育现象。观课者有自己特定的观察对象，每一个观察对象都给观课老师提供了鲜活的素材。议课过程中产生的改进意见完全由教师观察到的幼儿行为产生……这种新理念下的观课议课调动了教师们参与的热情，让我们发现平时不怎么起眼的幼儿也有闪光的一面，也让我们真正重视起在集体教学活动中对幼儿的关注。

2. 从聚焦学习情况到聚焦关注要点，专业升温

在之前的观课活动中，我们通常都只关注幼儿的学习情况，如：是否有强烈的探索积极性、是否能够认真观察并思考、是否认真听取教师的要求等。我们往往是以一个主导者的身份去评价幼儿是如何学习的，而评价的标准往往来自自身的经验。在这次活动中，我们对观察中关注的要点进行了聚焦。幼儿在活动中出现了什么行为？是否体现了活动的重点？在活动中如何完成要求？得到的结果是

怎样的？……我们将这一系列问题列入思考的范围中，借助各种记录工具来分析幼儿的行为，更具科学性。

(三) 不同的活动方式，让幼儿的发展升温

《上海市学前教育纲要》指出："教育方法运用要恰当、灵活、多样。充分体现儿童是教育过程的主体的原则，注重师生互动，生生互动。"[2] 在如今的教学活动中，我们一直推崇以幼儿为中心、以幼儿发展为本、突出幼儿的主体地位等教育理念。细细品味这些教育新理念和新思维，就是要改变传统的"教师讲，幼儿听"的机械式教学方法，鼓励和引导幼儿自主学习，培养他们探索创新的精神。

在以往的教学活动中，当我们发现幼儿的学习出现问题的时候，总会不自觉地引导他们往正确的方向思考，想让他们尽快获得成功，却忘记了幼儿也有自主学习的能力。在这次活动中，教师们也有了很大的改变，不再急于引导，而是给予幼儿充足的时间，让他们自己去探索和发现。

1. 教师的"退"成就幼儿的"进"

在整个活动中，教师在幼儿操作的时候都是站在一旁默默观察，克制住了干预的冲动，少了教师的帮助，幼儿在操作的时候就只能靠自己。在这种情况下，为了搭一幢"又高又稳的楼"，他们就会想尽一切办法，这就促进了幼儿之间的交流和沟通、同伴之间的合作，提升了他们在操作过程中解决问题的能力。

2. 同伴的"让"成就幼儿的"得"

在后测中我们不难发现，正因为有了9号男孩的退让，同伴们的高楼才能顺利完成。在这个过程中，9号男孩了解到在合作活动中有时候适当的退让能让合作完成得更好。而对他的同伴来说，也能通过这个活动认识到只有和同伴一起合作才能更快获得成功！

《教育的目的》中提到："学生是有血有肉的人，教育的目的是为了激发和引导

他们的自我发展之路。"[3]在这个道术结合的教学过程中,我们所看到的不正是如此吗?

参考文献

[1] 中华人民共和国教育部.幼儿园教育指导纲要(试行)[S].北京:北京师范大学出版社,2001.

[2] 上海市教育委员会.上海市学前教育纲要(第3版)[S].上海:上海教育出版社,2014.

[3] 艾尔弗雷德·诺思·怀特海.教育的目的[M].庄莲平,王立中,译注.上海:文汇出版社,2012.

朱婷婷　上海市浦东新区康桥第三幼儿园　幼儿教师　教龄13年

14. 让"生态"成为儿童发展的温暖底色

——以"我和佘山的约会"特色活动为例

何谓温暖？通俗地讲，就是有温度的，让人感到暖和的。温暖的教育应是以"一定的教育理论"为指导，以"温暖的学习情境"为契机，以"温暖的教学活动"为土壤，以"培养温暖的人"为目的。

上海市松江区佘山镇中心幼儿园通过实践研究，探索让"生态"成为儿童发展的温暖底色。以"生态理论"为指导，以在地化资源为媒介，关注幼儿发展的生态圈，遵循幼儿生态发展规律，培养生态小公民，开展"我和佘山的约会"特色活动。

一、立足儿童发展生态圈开展活动设计

布朗芬布伦纳在生态系统理论中提出个体发展模型，强调将个体嵌套于相互影响的一系列环境系统之中，系统与个体相互作用并影响着个体发展。[1]"在地化

资源"作为幼儿教育生态系统中的微系统，对幼儿的学习与发展有着直接的影响。在生态情境中满足幼儿的沉浸式体验，在幼儿发展的生态位中设计他们喜欢的活动，这将有助于邂逅更多的幼儿发展可能。

（一）以"生态情境"为契机，挖掘教学的"温暖情境"

温暖的教学是将"情感"作为纽带，使"人"回归教学中心。段义孚提出，幼儿的学习常常在能接触到的具体"地方"发生，这种一个人和一个地方、一方水土之间的情感纽带，称之为"恋地情节"[2]。我园坐落在风景秀丽的佘山脚下，在山脚下长大的幼儿对佘山有着特殊的情感，平日里，他们经常跟爸爸妈妈去爬佘山。站在幼儿园各班级的阳台上，他们也能隐隐约约地看见山上的天主教堂和天文台。幼儿喜欢佘山，对于佘山有着说不完的话题。

"我和佘山的约会"活动尝试以佘山为媒介，遵循幼儿绿色自然体验的生态足迹，促进幼儿"健康与体能""习惯与自理""自我与社会性""探究与认知""语言与交流""美感与表现"多元能力的发展，成就山脚下的快乐儿童。

为筛选能满足幼儿沉浸式体验的生态情境，我们采用"资源排摸""实地勘察""资源审议"等方式，形成"儿童发展资源地图"，为幼儿的学习与发展助力，进而构建儿童学习与发展的"温暖情境"（见图1）。

图1　儿童发展资源地图

(二) 以"幼儿生态位"为依据，形成教学的"温暖活动链"

生态位（ecological niche）是生态学中的重要概念，是指每个个体或种群在种群或群落中的时空位置及功能关系。[3]基于幼儿生态位的活动设计，教师需要寻找幼儿在教学中所在的位置，了解幼儿的最近发展区，确立活动素材点。"我和佘山的约会"约什么？活动开展前，我们采用"圆桌会议""儿童投票""家园对话"等方式，运用"三点一线"和"五字方针"了解不同年龄段、不同班级甚至不同小组幼儿的约会愿望和兴趣需要，支持并悦纳幼儿想法，形成《我和佘山的约会计划书》。

1. "三点一线"话主题

看见儿童，教学才温暖。运用"三点一线"的方法，找到幼儿的兴趣点、经验点和主题的切入点。

首先，走进幼儿兴趣点，如：听听幼儿感兴趣的话题，看看幼儿喜欢的玩具，聊聊他们喜欢的活动；其次，了解幼儿经验点，在倾听了解幼儿的兴趣和需求的同时，将其记录下来并分类整理，思考幼儿喜欢这些活动背后的原因；再次，发现教学切入点，对幼儿的兴趣、经验进行梳理，基于幼儿的学习与发展，开展价值判断和筛选；最后，将这三个点串联形成一条活动链（线）。

在大三班的"山间寻虫记"活动中，当询问幼儿"想去佘山做什么事情"时，幼儿积极表达自己的想法：想去山上找松鼠，给松鼠喂食物；想拿着相机去山上拍风景；想去山上跳绳；想去山上捡落叶，最好再遇到刺猬；想去山上和好朋友一起野餐；想去山上抓蚱蜢、找西瓜虫、挖蚯蚓……幼儿最终用投票的办法，决定了活动的内容：寻虫，去山间找虫子。教师追问："上山抓昆虫，我们需要准备什么呢？"幼儿商量道：要带瓶子，把抓到的昆虫装进去；要戴手套，以免虫子咬人；还要带……通过讨论，大家准备了捕虫工具：镊子、纸巾、瓶子、手套、放大镜等。

《上海市幼儿园办园质量评价指南（试行稿）》指出，充分利用能反映本地区社会、文化特点的环境材料，并创设各种机会，让幼儿根据自己的需要探索活动。[4] 本次活动中，教师给予幼儿机会，以"上山做什么""会有哪些虫""准备怎么来捉虫"等问题链，找寻到幼儿的生态位，了解幼儿的兴趣点和经验点，进而确立活动的切入点，获取教学发生的素材链。

2."五字方针"来发力

追随儿童，教学设计才温暖。在不断追随幼儿的过程中发现幼儿想要的教学素材点，在"我和佘山的约会"活动前，我们遵循幼儿足迹，运用"五字方针"，即识、筛、创、议、约，来筛选幼儿想要的教学（见表1）。

表1　教学设计"五字方针"

素材点	五字方针	相关照片
约会约什么	**识**：识别需求。运用"圆桌会议"等方式倾听、识别幼儿约会的愿望，即"去佘山做什么"，为教师进行价值判断提供依据	
	筛：筛选话题。当多个活动主题出现时，运用"儿童投票法"筛选活动主题，确立幼儿的约会愿望，以此作为教师设计教学的核心价值	
	创：环境创设。教师与幼儿共同创设教学环境，动态形成"有故事的"约会墙面	

（续　表）

素材点	五字方针	相关照片
	议:方案审议。教师与幼儿共同制定并审议约会计划书,讨论活动需要准备的物品	
	约:家长相约。与家长约定,共享约会计划,并讨论优化,预约家长参与活动	

　　"五字方针"的运用,是生态教育观的体现,是幼儿生态位的优化,是儿童视角的彰显,是教师课程意识决策力的修正,是教学活动素材来源的关键,更是温暖教学产生的源泉。

二、遵循儿童生态发展规律实施活动

　　生态式教育既是一种教育理念,也是一种教育实施策略,它是系统观、整体观、联系观、和谐观、均衡观下的教育,是一种充分体现和不断运用生态智慧的教育。在活动实施过程中,我们遵循幼儿发展规律,试用"生态眼"观察幼儿,强调"生态型"师幼对话,注重"生态式"教学评估。

（一）运用"生态眼"观察幼儿,让教学"温暖"幼儿探究

有研究院推出"生态眼多源立体感知项目",通过"生态眼"打造一套"看得清、

识得清、控得住"的多源立体感知生态管理体系。教师将此迁移到儿童观察上来，尝试运用"生态眼"的观察方法，找准观察的"眼"，捕捉幼儿原生态的学习，试着看见、看清、看懂幼儿的学习与发展。

1. 飞鸟之眼，整体观察探究过程

借用"飞鸟之眼"，整体观察幼儿的探究情况。如在"我和佘山的约会"之"山间寻'宝'物"活动中，我们就用到此方法，用"飞鸟之眼"进行"三看"。一看西佘山半山腰的玻璃栈道位置是否有利于多种"宝物"（自然物）的收集；二看幼儿的"寻宝"愿望是否能得到满足，幼儿发现"宝物"的情绪情感如何；三看个别幼儿是如何搜集自然物的，是否需要教师支持和同伴帮助。

2. 蜻蜓之眼，多维关注幼儿发展

巧用"蜻蜓之眼"，多维度思辨幼儿的发展。《上海市幼儿园办园质量评价指南（试行稿）》中的"3—6岁儿童发展行为观察指引"，为教师解读幼儿提供了依据，教师可试从六大领域，展开多维度观察。如在"童心绘佘山"活动中，教师就看到了幼儿的多元能力发展：从徒步登山中关注幼儿的"健康与体能"，从倾听活动要求、物品保管中关注"习惯与自理"，从幼儿结伴商讨活动计划与各项准备中了解"自我与社会性"，从幼儿与同伴分享中了解"语言与交流"，从探索发现中了解"探究与认知"，从作品表现与图画解读中了解"美感与表现"等。

3. 蚂蚁之眼，深层观察幼儿再发现

慧用"蚂蚁之眼"，深层次发现更多的教育契机。教师在观察幼儿探索活动时，可采用"追踪式观察"和"聚焦式观察"相结合的方式。如在大四班开展的"我和佘山的约会"之"山间寻虫记"活动中，教师采用小组追踪的方法，看到幼儿掀开小石块，拨开草丛，很快找到了西瓜虫、蚯蚓、蜈蚣等，还无意间发现了枯叶蝶。接着，孩子们开始了关于枯叶蝶的讨论。"是我发现的，它和树皮的颜色太像了!""要不是它动了一下,我们都没发现!""我在书上看过,这是它的保护色。"……就这样,教师采用"聚焦式观察"的方法,追随幼儿开始了寻找其他枯叶蝶的活动。

运用"生态眼"的观察方法,尽可能地发现幼儿在探究中的原生态的学习与发展轨迹。此方法有利于信息的双向流动,实现师幼协同共生。

(二) 强调"生态型"师幼对话,让教学"温暖"师幼互动

生态学认为,生活在同一生态系统中的不同物种、种群间并不是孤立存在的,它们是一种"互哺"的共生状态。师幼间也是一种"互哺"的共生关系。[5]"生态型"师幼对话是一种以教学相长、互利共生为核心的可持续发展的新型师生对话,除了语言的直接对话,我们还提倡以多元的记录方式为桥梁的师幼对话,以更全面、更真实地发现幼儿的学习,解读幼儿行为。

1. 幼儿的多样记录,使师幼对话具象化

支持幼儿用语言、图画、信息化工具等多种方式记录与表现。在大一班开展的"我和佘山的约会"之"寻找最美秋叶"的活动中,幼儿在探索的同时,运用儿童相机、iPAD、手机等信息化工具记录和分享发现,还用放大镜观看树叶脉络并用纸和笔记录发现,他们或三五成群地交流,或将发现告诉同伴、分享给老师,或制作成美丽的树叶拼贴画。

2. 教师的多元记录,让师幼对话可视化

教师心中装有"儿童发展地图""班级儿童发展地图"和"班本教育地图",运用"路径思维导图"和"简笔画记录"等方式记录幼儿活动中的学习与发展情况。

为了实现"生态型"的师幼对话,我们将师幼双方的记录,整理成"作品集",并运用"作品分析法",将幼儿作品与教师作品"对对碰"。在倾听幼儿对"作品"解释

的基础上,进一步观察、比对现场"作品"记录,以此实现对幼儿全方位的解读,实现双向互动的无缝连接。

(三) 注重"生态式"活动评估,让教学体现"温暖"评价

"生态式"评估为构建关系和谐、过程真实、互动顺畅、关注个体、促进发展的评估提供了指南。[6]该评估为幼儿提供自主分享、自由表达学习发现的机会;为教师提供教学反思的平台,帮助教师学会"回头看"和"看向远方";有利于了解幼儿的全面发展,有益于关注幼儿的个体差异。

1. 幼儿在评估中学习与发展

鼓励幼儿积极运用"童心童话"和"KWL"两种方式开展自我评估。其一,"童心童话"的自我评估。幼儿试着用语言、前书写、微视频等方式交流自己的学习。如在"摄入童心,影在佘山"活动中,幼儿用微视频记录了活动后的感受;在"山林小卫士"活动中,幼儿用前书写呈现了活动的感受。其二,"KWL"的自我评估。K—W—L分别代表"已经知道什么"(Know)、"想知道什么"(Want)、"最终学到什么"(Learn),如表2所示。[7]考虑到幼儿的年龄特点,在"我和佘山的约会"活动中,我们采用问题墙的形式呈现,借助图画的形式表征,如围绕"我参加过的佘山活动""我还想去佘山做什么""我学到了什么"三个部分,分别呈现"约会前""约会中""约会后"三个阶段的幼儿探索过程(见图2)。

表 2 "KWL"幼儿自我评估

K(Know) What I know 我已经知道了什么	W(Want) What I want to know 我还想知道什么	L(Learn) What I learned 我学到了什么

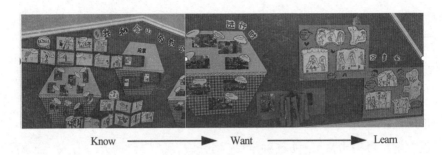

图2 幼儿探索墙面呈现

2. 教师在评估中提升教学反思力

激励教师采用"KWL"和"PDCA"两种方式开展教学评估。"KWL"评估方式虽然在表面意义上和幼儿的自我评估相同,但是运用对象为教师,使用方法也有差异。"K表"指向教师对幼儿已有的佘山经验点的收集,注重多形式、多维度。"W表"指向教师对幼儿再去佘山的兴趣点的收集,注重对幼儿兴趣的分类、识别和活动化处理。"L表"指向教师对幼儿新经验及新问题的收集和解读,注重学习成果的呈现与分享,引导幼儿提出新的问题。该方法不仅可以帮助教师横向了解多数幼儿,还有助于教师纵向解读幼儿个体,发现他们在活动中的个性成长与变化(见表3)。

表3 "KWL"教师教学评估

K(Know) What children know 幼儿已经知道了什么	W(Want) What children want to know 幼儿还想知道什么	L(Learn) What children learned 幼儿学到了什么
幼儿对佘山的已有经验点有哪些?	幼儿目前对佘山的兴趣点有哪些?	通过活动幼儿已经获得了什么?还可以获得什么?

对于"PDCA"评估方式,以"摄入童心,影在佘山"为例,教师试用此方法进行评估。其一,P—plan(课程计划),建立在幼儿的兴趣点上。本次佘山摄影活动,都是在和孩子们的讨论中进行与发展的,追随幼儿的兴趣,满足幼儿的需求。其二,D—do(课程实施),体现了孩子是课程主体的理念。从内容的选择到物品的准备,再到摄影展的策划,均是幼儿想要的教学。其三,C—check(反思与调整)。首先,摄影为幼儿提供了一种强有力的新语言,通过相机"沉默的声音"来传递他们的情感和信息,用一种特殊的记录方法来表达他们内心的想法。通过照片,教师可以真实而客观地了解儿童独特的视角。其次,爬山摄影的活动让孩子们兴奋、激动和喜悦。他们不停地用相机去记录身边的事物,感受和欣赏自然界的美,体会他们作为佘山人的骄傲。此外,爬山锻炼了幼儿的身体,磨炼了幼儿的意志。其四,A—action(活动推进)。摄影展之后,教师将根据活动中幼儿的需要,和他们共同商议,让教学继续前行。

教师在幼儿发展的生态系统中,捕捉最真实、最直接、最生态的因子。"生态式"评估倡导"立足过程、促进发展",即不仅关注和谐、平等的师幼关系,更关注可持续的师幼发展,促进共生共长的学习生态链的形成。

三、以培养生态小公民为活动价值追求

生态教育的目的是培养生态人。我园对在地化教育资源的利用,对幼儿发展生态的遵循,均是为了培育"生态小公民"。该探索是将幼儿作为生态文明教育主体,以地域资源为媒介,遵循幼儿绿色自然体验的生态足迹,培养具有初步生态意识、生态行动、生态乐趣和生态创意的生态小公民。结合幼儿的学习方式和特点,重视生态小公民培养的阶段性与可持续发展性。

（一）尊重生态小公民培育的阶段性

幼儿的发展是一个持续、渐进的过程，同时也表现出一定的阶段性。"我和佘山的约会"系列活动，从四个维度培养生态小公民：其一，"生态意识"，即对自然生境认识、尊重所形成的与之和谐相处的价值观；其二，"生态乐趣"，即幼儿沉浸、欣赏、愉悦于自然获得生态体验的精神动力；其三，"生态创意"，即尊重幼儿创意想法，支持其用创新的方法构建生态文明；其四，"生态行动"，即立足生态意识而行之有据的环保行动，注重对自然生境的保护与完善。但，这四个维度不是一蹴而就的，而是随着幼儿探索的深入、兴趣的持续、经验的拓展与迁移，循序渐进推进的。

幼儿与山有约、温暖"童"行，在活动中萌发了生态意识，运用自己喜欢的方式开展探究，获得了生态乐趣，慢慢开始了生态创意和生态行动。在"摄入童心，影在佘山"的活动中，幼儿将在佘山拍摄的照片整理分类成"人物篇""建筑篇""昆虫篇""风景篇"。幼儿在为自己拍摄的照片欢呼的同时，还想邀请其他班级的朋友一起欣赏作品，于是在幼儿园举办了摄影展。幼儿自主商量设计邀请函，选取地点，布置照片。摄影展得到了其他班级小伙伴的驻足观看与赞赏（见图 3）。

 → → → →

佘山拍摄作品 → 投票选摄影展地点 → 设计邀请函 → 自主布置摄影展 → 摄影展开始啦！

图 3　幼儿自主举办"摄影展"

我们在追随幼儿中逐渐生发出多项班本化课程，逐步探索形成多个课程故事，如："萌娃嬉佘山""山顶音乐会""寻找最美'山'叶""摄入童心，影在佘山""山间寻'宝'物""山间寻虫记""山林小卫士"等（见图4）。

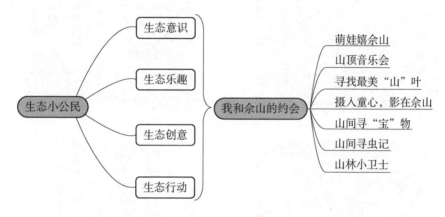

图4　班本化课程探索

（二）尊重生态小公民培育的可持续发展性

幼儿阶段，培育可持续发展的生态小公民，包含以下步骤：第一步，引发幼儿对现实的影响可持续发展问题的关注；第二步，把他们对现实问题的关注化为动力，支持他们从旁观者变成参与者，从污染、浪费的可能制造者变成环境的保护者和资源节约的监督者。[8]

在"山林小卫士"活动中，幼儿讨论决定，前往西佘山保护山间的小树，他们准备好工具，分组合作：有的给小树挂牌，有的给小树浇水。回到幼儿园，又担心园内的小树天冷会"感冒"，就收集稻草、碎布等材料，为小树穿上"冬装"、刷上石灰水，让小树温暖过冬（见表4）。

表 4 "山林小卫士"生态探索的延续

佘山"山林小卫士"——→幼儿园"护树小卫士"	
西佘山的树	幼儿园的树

培育可持续发展的生态小公民的实践形态是主体性、体验式、活动化的。教师运用教育生态理论,看见真实的幼儿,倾听幼儿的活动想法,将自主权交给幼儿,为幼儿提供时间和空间,给予多元的材料支持。幼儿的兴趣经验持续得到满足,生态探索得到延续,在新的学习情景中继续探索……

四、温暖的教学需用好"五锦囊"

锦囊一:温暖的教学需以情动情

温暖的教学是打造生态圈的"暖情感"。教学不能回避、抽离情感层面,研究表明,教学具有存在相互作用的心理流,一条是认识流(智力流);一条是意向流(非智力流),两条心理流相互作用。在"我和佘山的约会"系列活动中,我们注重幼儿积极情感体验的获得。首先,以山为媒。以幼儿熟知的一方水土——"佘山"作为教学媒介,以此打开幼儿情感的闸门,满足幼儿对地域探索的情感需要。其次,以情动情。在满足幼儿走进佘山、获得沉浸式体验的同时,我们还倾听了幼儿想要了解的话题,注重对幼儿学情的分析,帮助其获得积极的情感体验,生成班本教学素材点,进而有效把握教学的契机。

锦囊二:温暖的教学需以察促探

温暖的教学是启用生态眼的"暖观察"。刘焱指出,观察有两个目的或功能:一是情景分析,为教学决策提供依据;二是了解幼儿的个体特点,为因人施教找到方向。[9]在"我和佘山的约会"活动中,教师给予幼儿自主探索的时间与空间,并借助科学的观察方法"三只眼"(飞鸟之眼、蜻蜓之眼、蚂蚁之眼)尝试全方位、立体式地解读幼儿的学习与发展,为师幼互动提供保障。

锦囊三:温暖的教学需以享促思

温暖的教学是优化生态位的"暖思考"。《上海市学前教育课程指南(试行稿)》强调,尊重幼儿的学习方式,使幼儿主动地、富有个性地学习,让每个幼儿大胆探索并充分地表达,获得各种有益经验。[10]在"我和佘山的约会"活动中,我们尊重幼儿,创设轻松的交流氛围,鼓励幼儿用自己喜欢的学习方式,如前书写记录、语音、照片、小视频等开展自己的探究,并大胆地分享学习与发现。同时,我们鼓励教师倾听幼儿的学习发现,并对幼儿的作品进行分析解读,试着看到"暖分享"背后的幼儿发展。

锦囊四:温暖的教学需以趣启趣

温暖的教学是追随发展生态的"暖支持"。这里提倡教学拓展的两条线:一条是明线,即引导幼儿围绕自主商定的"我和佘山的约会"主题探究活动,观察其学习兴趣是否得到满足,有无新的学习兴趣产生;一条是暗线,即追随幼儿的兴趣,以"幼儿发展优先"的视角,发现幼儿是否获得本次活动外的其他发展。基于以上两条线索,教师继续追随幼儿脚步,开展反思性实践,在新的教学情境中支持幼儿开展新经验的探索和兴趣的再迁移。

锦囊五:温暖的教学需以评促长

温暖的教学是运用生态评估的"暖成长"。《上海市幼儿园办园质量评价指南(试行稿)》在"保教实施"中的"观察与评估"部分指出,在客观记录的基础上,对幼儿发展水平进行定期分析、评估,并调整教育行为。在"我和佘山的约会"活动开展过程中,教师注重多元主体、多样方式开展评估,即通过幼儿评估、家长评估、教师评估相结合,以及"KWL""PDCA"等评估方式相结合的策略,开展温暖的教学,促进幼儿全方位、立体化成长。

参考文献

[1] 布朗芬布伦纳. 人类发展生态学[M]. 曾淑贤,刘凯,陈淑芳,译. 台北:心理出版社股份有限公司,2010:214.

[2] 钱旭莺,朱同. 生态素养教育的地方本位转向[J]. 上海教育,2021.

[3] 张向葵,吴晓义. 课堂教学监控[M]. 北京:人民教育出版社,2004:169.

[4] 上海市教育委员会教学研究室. 上海市幼儿园办园质量评价指南(试行稿)[S]. 上海:上海教育出版社,2020.

[5] 王京. 生态学视野下的幼儿园师幼关系研究[D]. 济南:山东师范大学,2016:22.

[6] 闫艳. "生态式"基础教育学校评估研究[J]. 教育参考,2020(4):21 - 26.

[7] Ogle D M. K-W-L: A teaching model that develops active reading of expository text [J]. Reading teacher, 1986,39(6):564 - 570.

[8] 王洋. 坚持人文引领 开展可持续发展教育[J]. 现代教学,2015(7):10 - 13.

[9] 刘焱. 如何发现完整独特的儿童:我们为什么要观察儿童? [N]中国教师报,2015.

[10] 上海市教育委员会.上海市学前教育课程指南(试行稿)[S].上海:上海教育出版社,2004.

武敏　上海市松江区佘山镇中心幼儿园　副园长　教龄16年

15. 疫情下的"线上之声"进化史

进化是生物逐渐演变向前发展的过程……生物对环境有巨大的适应能力，环境的改变会引起动物习性的改变，生物由低级发展到高级，由简单发展到复杂……（达尔文）

——题记

突如其来的疫情，让我们的生活不得不按下暂停键，也让我们静思：要如何勇敢且温暖地拥抱变化，静下来倾听来自心灵深处的声音。在"停课不停学"的要求下，我加入了"在线教学"行列，开启"线上之声"的进化史，与孩子们有了一场温暖的约会。

一、适应突变：一场双向奔赴的"线上之旅"

"亲爱的小宝贝，今天起床，你有没有闻到空气里的甜味？告诉你，那是花婆婆送给我们的礼物哦！当她还是一个小女孩的时候……"伴随着悠扬的鸟鸣，第一次"线上之声"落下了春的帷幕。疫情之下，我第一次将故事音频转发到班级群，心中忐忑：这样的线上之声，会得到孩子和家长的认可吗？

10多分钟后，班级群里掀起了热烈的讨论。

可乐妈："每天在家就剩大眼瞪小眼了，今天听到老师的故事，像着了魔一样，手机都贴在耳朵上了！"

多多妈："可不是嘛，这绘本我家也有，从来不知道关于春天，还能有这么美妙的解读，别说孩子，我都听得有些入迷了！"

珂珂爸："讲故事原来可以延伸出这么多问题和情境，我这几年的绘本真是白讲了，怪不得小子不爱听我讲，方法不对，白搭！"

……

这是我第一次成功的"线上播报"，付出了许多，也获得了家长们的点赞。

在这段居家时光里，因为不能自由外出，家长与孩子开启了"相爱相杀"的日常相处模式，家长都说管不住家里的"神兽"。对于第一次线上交流，我一直在想如何把所思所感传递给屏幕之外的小可爱们：选择什么题材才能和孩子"感同身受"？怎样的讲述形式才能让屏幕那头的家长获得最真切的共鸣与启示？为此，我做了三方面准备：一是选择了经典绘本《花婆婆》，缘由是当时正值立春时节，季节吻合，更能触动倾听者当下真切的感知；二是设计三五个互动小问题，邀请家长和孩子一起互动参与,拉近心与心的联结;三是把控讲述时间,从语速到语调,从理解到表述,N 次预讲,力求声情并茂。

　　总之,我成功了! 从那次起,我和孩子、家长的"线上之旅"正式开启。

二、进化演变:奏响"线上之声"变奏曲

　　家长和孩子的点赞,引发了我建微信公众号的冲动。一周后,"暖暖听书馆"正式开张(见图 1),我的"线上之声"进化史由此拉开帷幕……

图 1　微信公众号"暖暖听书馆"

(一) 第一乐章:暖暖听书馆的 1.0

"暖暖听书馆"开张不容易,但维护更难。开张伊始,我把精力重点放在以下

问题的解决上。

1. 怎样满足小听众

每个孩子对书的选择都有自己的倾向,听书馆里需要哪些书呢? 为此,我采访了班级里的孩子们。"我喜欢听《鸡蛋哥哥》。""我喜欢听《云朵面包》。""我喜欢听《小熊和最好的爸爸》。""我喜欢听《神奇校车》。"……孩子们的答案包罗万象,涉及各种类型的绘本,这让我轻松拥有了第一梯队的绘本内容。可孩子们同时抛出许多问题:"怎样能够快一点找到我想听的故事呢?""听过的故事可以重复听吗?""弟弟妹妹也想听我的故事,可以吗?"为了满足这么多执着的小听众,我决定依据幼儿的年龄特点和绘本内容对"暖暖听书馆"的书籍进行分组分类(见表1),满足小听众的收听需求。

表 1　"暖暖听书馆"绘本分类推送表

板块	绘本列表	播放形式及内容指向	适合年龄段
经典绘本	《老大、老二和老三去钓鱼》《云朵面包》……	讲述;带给孩子无限遐想的空间,丰富孩子的内心世界	小中大班
行为养成	《胖胖熊快乐的21天》《小兔子的胡萝卜》《牙齿大街的新鲜事》……	讲述后提问;让孩子们在熟悉的生活化场景中感同身受,获得快乐的成长	小中大班
性格培养	《大脚丫学芭蕾》《独一无二的你》《勇敢做自己》《彩虹色的花》……	讲述后提问;以简单的小故事传递优秀的品质,将自己代入到绘本的情境中,以书中人物为榜样	小中大班
诗书中华	《给孩子的古诗故事》《诗词大发现》	诵读后讲述诗词小故事;让幼儿对古诗词萌生兴趣	中大班
哄睡专区	《小兔子睡不着》系列、《抱抱》、《晚安,月亮》	不预设问题;帮助幼儿入睡	小中大班

2. 怎样找到孩子想听的声音

孩子从一出生,就开始接收周围的声音,声音是孩子感官接收最原始的方式之一。"暖暖听书馆"里除了有老师的声音,还可以有谁的声音呢? 孩子想听到谁的声音呢? 当我把问题推送到班级群,请家长帮忙问问家里的孩子时,没想到获得了积极的反响。元宝说:"我奶奶以前是广播站的,她可以给我们讲故事。"琪琪自豪地说:"我爸爸会学小动物的叫声,特别搞笑,他讲的故事可好听了!"……身处高教园区,很多爸爸妈妈是高校教师,他们也加入到听书馆,在资深的播音员奶奶的带领下,成为"暖暖听书馆"的第一批主播。有了家长的入驻,听书馆的音频资源从个位数增加到五十多个,孩子们每天都很期待今天是谁在讲故事。

3. 听了之后可以做什么

幼儿的经验具有延展性,在绘本的推送中我们总是有意识地将绘本的内容、情境做适宜的延展。如绘本《花婆婆》使孩子感受到那份对美好生活的期望,同时与第二天的故事《彩虹色的花》进行衔接。在录制的开头便延续"花婆婆"的寄语开始讲述故事,并在故事的末尾处"布置"两个延伸小任务:一是请孩子们画一画《彩虹色的花》这个故事,讲给爸爸妈妈听;二是尝试续编《第二朵彩虹色的花》,思考可以怎样帮助别人。就这样,在推送的过程中,我们会关注绘本的内容与基调,将主题思想和情境上有连接的绘本进行组合推送,以提高幼儿对生活经验的延展性。

(二) 第二乐章:暖暖听书馆的 2.0

一个月后,听书馆里有了很多孩子熟悉的声音,"听书"的福利不再是我们班孩子专属的了,也扩大到了整个幼儿园,许多爸爸妈妈都在公众号中留言称赞。居家生活有了别样的乐趣,"听书"成了孩子们每天的期待。同时,我们对孩子进行了"回访",整理出最受孩子们欢迎的 8 个故事(见图 2),并进行了问题征集。

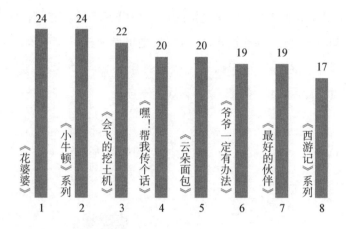

图2　孩子喜欢听的故事排行榜

问题一：你最喜欢哪个故事，为什么？

问题二：你最喜欢谁讲的故事？

小宝：我喜欢听《喵呜》，那只猫的声音听起来很吓人，但是后面又变得很友好。

思思：我最喜欢听我妈妈讲《打瞌睡的房子》，他们叠起来睡觉居然把床压坏了……

小七：我喜欢听心心爸爸的故事，他的声音特别搞笑。

瑶妞：Y老师的声音很温柔，我听了就睡着了。

孩子的回答有趣生动，有的对故事情节记忆犹新，有的对故事人物情有独钟，排名前三的故事点击量已经超过了200次。主播团里的"主播"很多都是第一次"录音"，宝贝们听到自己爸爸妈妈的声音，自豪感油然而生。接着，我对家长进行了"回访"(见图 3),他们非常赞同这样的形式和内容。46%的家长建议再多一点互动,在对"暖暖听书馆"的建议板块,有家长提出增加孩子和孩子之间的对话,以及与老师的线上交流等。基于孩子的表征和家长的反馈,我们进行了"二次进化",关注即时互动,增加了孩子、家长喜欢的新项目。

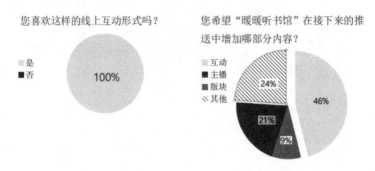

图 3　家长调查问卷情况

1."猜猜我是谁"

调查问卷中珂珂小朋友的感慨激起了我对"暖暖听书馆"改进的思索。她说:"我已经好久好久没有见到幼儿园里的好朋友了!"细细想来,果真是有一个多月了,孩子们可能需要一个和"好朋友"互动的平台。于是我们寻求专业技术支持,克服重重困难,突破技术难关,先是在推送的音频后添加了两个模块,一是"点赞",二是语音评论,让孩子们可以进行线上"有声互动"(见图 4)。技术更新后的第一天,推送的音频是《我上小学了》,故事结束后,老师的问题是:"孩子们,你知道的小学是什么样子呢? 你将去哪一所学校上小学? 快和你的好朋友说一说吧!"隔着屏幕,孩子们从跃跃欲试到自由奔放,自报家门,呼朋唤友,互猜声音,不亦乐乎,足足互动了一个多小时。

图4　增加"点赞""语音评论"模块

2. "小主播"上线啦

居家隔离一段时间后，有些家长开始线上办公，主播团里的几位成员都要奔赴自己的工作岗位，"暖暖听书馆"出现了"主播"短缺的问题。于是，我在班级群里发了一段语音："孩子们，由于爸爸妈妈都要忙于工作，很难抽时间帮我们录制新的故事，现在只有三位主播录制新的故事，如果今天没有新故事推送，可以听听之前推送过的故事哦！"几分钟后，群里又热闹起来，孩子们围绕"招聘"的话题讨论起来。糖宝说："我爸爸就是负责招聘的，他可以帮我们招聘一些人。"……我也加入他们的互动，并一步步引导孩子们思考，最后，几位小朋友自告奋勇加入"主播团"。自从开通了"语音评论"，我发现孩子们在倾听、对话中应答、叙事讲述等方面的能力得到了有效提升，于是我决定增加"宝贝故事屋"板块。同时根据孩子们前期对"招聘条件"的讨论，"小主播"通过"考试"才能加入主播团。随着"小主播"们的加入,听书馆的关注度、点击率、浏览量直线上升。孩子们的故事一经推出,互动屏上的留言多得犹如翻滚的浪花儿。家长们反馈说,"小主播"看到有这么多好朋友、长辈的互动、鼓励和夸奖,自信心倍增。

3. 我们"见面"啦

有了声音的互动,几位宝贝提出要和好朋友"视频",在乐乐爸爸的技术协助下,大家通过"钉钉"实现了人声同步。孩子们约定每周日的晚上 7 点,共同开启摄像头,线上相聚半小时,一起听故事说故事。第一次"相见"时,孩子们有些害羞,有的露一下脸就逃走了,可爱至极。接着,我以绘本《春天什么时候会来》开启了一次线上分享,孩子们听得很专注,他们和小熊一样期待春天的到来。"见面"后,孩子们从只言片语到长篇大论,倾诉存了一个星期的"思念"和"故事",即便隔着屏幕也能感受到彼此的小欢喜。

(三) 第三乐章:暖暖听书馆的 3.0

漫长的居家学习终于结束了,在复学前的某一天,思思妈妈替思思问了一个问题:"L 老师,开学了,还能听故事吗?"也有家长跟着问:"咱们的'暖暖听书馆'是不是要和大家说再见了?"……看到孩子们的问题和家长的讨论,我竟然有点小失落,因为这项"工作"已成为我生活的一部分。

复学后,我和孩子们讨论"暖暖听书馆"接下来是不是该说"再见"了,大部分的孩子都说"还想听"。那谁来讲? 谁来上传呢? 孩子们讨论后,说可以像班里的值日生一样,大家"轮流"。就这样,孩子们继续他们暖暖的听书之旅,从线上移至线下,又将线下与线上结合起来。前期,延续以往的模式,在餐前和睡前时间讲述故事。接着,固定每周二和周四,我带着"值日生"选择他们喜欢的一本绘本,进行角色扮演,录制故事表演视频,再把视频发布到听书馆上。"暖暖听书馆"不仅没有结束,反而衍生出我与 30 个童趣可爱的孩子一起演绎的灵动鲜活的声音!

1. 从"TA 的故事"到"我的故事"

孩子们用多种形式呈现对绘本的理解,从听故事到讲述故事,再到表演故事,每一种形式都带着孩子们对故事内容的理解。对于孩子而言,故事每时每刻都在发生,生活中的小事亦是故事。于是,我鼓励孩子们讲述自己的故事、自己看到的故事或是发生在自己身上的故事,让自己变成故事的主人公。"海阔凭鱼跃,天高任鸟飞",给孩子成长的空间,孩子的经历才会愈发珍贵。从讲述名家的故事到讲述自己的故事,是挑战,更是成长。

2. 从"妙语连珠"到"回归生活"

在绘本内容选择上,我们尽量选择贴近幼儿生活的内容,仅仅用听说的形式还不足以满足幼儿的居家生活,讲述绘本的最终目的是让孩子回归生活实践。我们发起"好习惯追踪卡",如在推送《牙齿大街的新鲜事》后,开启饭后漱口的打卡任务;在推送《小黑鱼》后,开始"运动小勇士"的打卡任务。将绘本中的情境与生活相连接,为幼儿创造了一个具体的、生动的、形象的生活场景。幼儿通过直接感知和亲身体验,把内化的价值表象化,以促进理解和实践。

3. 从"有感当下"到"温暖传承"

眼看孩子们就要毕业了,我们的"暖暖听书馆"是要和孩子们说再见了吗?这里有连绵不绝的回忆,也有催人泪下的互动瞬间。毕业时,当我把问题抛给孩子们时,孩子们的回答让我为之动容。"老师,我们到了小学也可以录音给幼儿园的弟弟妹妹听啊!""老师,毕业以后我还想听里面的故事。""我们来轮流保管'它'。"……这群善良童真的孩子,老师要向你们学习。经过讨论,孩子们决定毕业前一起讲一个故事放在"暖暖听书馆",一起对幼儿园说"再见",把听书馆送给幼儿园的弟弟妹妹,这是毕业季最温暖、最让人感动的礼物!

三、反思蜕变:"线上之声"的进化感悟

　　从线上延续到线下,从讲绘本故事到讲孩子的故事,绘本里的故事很短,而孩子们的故事很长、很长……"暖暖听书馆"从1.0到3.0的进化,是教育的进化,更是温暖教学的进化,其间给我们的启示很多很多……

　　第一,进化的基点在于"眼中有人"。教育的真谛在于育人。育人的基础是对孩子的尊重,无论什么活动的设计,都要看得见每一个孩子。眼中有人是互相尊重的家园共育环境,是父母和老师之间的互相尊重,是教师与孩子之间、家长与孩子之间的互相尊重;眼中有人是能够看到孩子当下的需求和未来成长的需要,顺势而为,助力幼儿成长;眼中有人是尊重孩子的想法,创设环境,给予支持,将儿童的生长点转化为经验点。"暖暖听书馆"就是尊重孩子成长规律而设计的项目,满足特殊时期儿童的发展需求,使居家生活有滋有味、多姿精彩。

　　第二,进化的历程在于"行中有思"。教育的变革不需要"坐而论道",需要的是"创造性"的行动。何来? 需要"思",行动中有思考,思考后有行动。"暖暖听书馆"的迭代升级过程,是一次次温暖的行动。在此过程中,我与同伴、家长群策群力,隔空讨论实现"语音互动",在不断的"试播"中寻找那沁人心脾的声音。"怎样把听书馆还给孩子呢?"从"我"的听书馆到"我们"的听书馆,在一次次的升级和改版中,顺应孩子天性创造有活力的线上听书、线下演绎,这是进化的原动力。幼儿从讲述别人的故事到讲述自己的故事,从回答问题到设计问题,他们走进语言深处,揣摩故事主人公的心理,从断断续续的词组到连贯的表达,通过"语音留言""连麦""点赞"的方式突破屏幕限制,在温暖的互动中,探索了家园共育新模式。

　　第三,进化的意义在于"心中有爱"。李镇西在《教有所思》中提到爱是教育的前提。融入了爱的教育才有了教育的味道。回首那段居家的时光,我从未觉得我

的班级在居家,我仿佛时刻都与家长和孩子们在一起。我们不仅仅是家长、孩子、老师,更像是一群居家的、隔空陪伴的挚友与伙伴,集思广益,通力合作,完成了200多个绘本故事的演绎,这是我与孩子、家长共同成长的足迹。毕业后,孩子们将自己的"声音"留给幼儿园的弟弟妹妹,愿意继续延续"小主播"的职责,把好故事带给弟弟妹妹。"暖暖听书馆"仿佛是孩子们的半亩方塘,源头活水来自孩子们对听书的兴趣,对"主播"工作的热爱,对绘本故事的精彩演绎。"暖暖听书馆"中留下了孩子们成长的足迹。

暖暖听书馆,我们的听书馆,从疫情初一个人的"独角戏"到大家的"暖暖听书馆"。它给我最大的启示是:教育犹如一颗温暖的种子,我们将它种在孩子的心田里,孩子长大也将把爱播种至他人的心田,就像绘本中的"花婆婆"一样,承载教育的美好和温暖,以心换心,用心唤心,心心相印。

凌雪鑫　浙江省杭州市钱塘区学源幼儿园　副园长　教龄 16 年

16.

圆桌谈话：游戏对话中的"温暖"

在学前阶段，温暖的教学不只关注幼儿的深度学习，更应关照幼儿的情感，关爱幼儿作为完整的人的发展。幼儿通过游戏探索大千世界，并以游戏再现生活经验。优质的游戏分享可帮助幼儿实现反思内省、计划调整、再次游戏的学习循环。然而，我们通过问卷调查发现，当前的游戏分享主要存在以下问题：一是幼儿非主体。大多数教师选择以"全班讨论"的形式组织游戏谈话。二是经验不聚焦。幼儿参与不同游戏，导致经验不同，难以产生共同话题。三是情感未关照。教师较多关注幼儿在游戏中出现的问题，鲜少关照幼儿的情绪情感体验。我们尝试基于幼儿的游戏进展情况，开展游戏后分享——圆桌谈话。即借鉴圆桌会议的形式与原则，让师幼、幼幼之间在开放、平等、民主的氛围中，围绕游戏中产生的中心话题一起沟通、交流、分享游戏经验，在对话中相互间询，整合提升游戏经验，并更好地完成自我对话与反思。

一、依托教研,创建温情的圆桌场域

我们采用团体讨论、现场教研等方式,建立圆桌谈话、游戏及学习之间的联系,寻找圆桌谈话的设计原点,预设圆桌谈话的实施方案,并在思想的碰撞交流中研判价值,构建圆桌理念,梳理一般流程,积累实践经验。

(一) 角色游戏试点教研,改变组织形式

通过对传统游戏分享方式的分析,我们发现在集体分享中,教师与幼儿之间的空间站位往往是对立的,不仅无法给予幼儿充分表达感情的机会,也无法营造轻松平等的分享氛围,更不利于引发幼儿分享游戏的兴趣与热情。因此,我们预设了圆桌谈话的空间组织形态,即在游戏现场,参加同一个游戏或相邻游戏区域的幼儿围坐在一起,教师与幼儿一起根据游戏情况开展圆桌谈话。随着幼儿年龄和能力的增长,教师可视游戏及对话情况逐步放手,转为幼儿间的自主圆桌谈话(见图 1)。

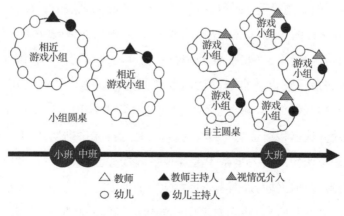

图 1　圆桌谈话的组织样态

在中四班的角色游戏"小医院"结束之后，我们根据预想的组织形式尝试开展圆桌谈话。教师抛出问题："你们今天玩了什么？你们有没有遇到什么问题？"幼儿围绕着"妈妈生宝宝"的游戏情节以及医生的角色意识等相关话题，展开了长达15分钟的讨论。参与圆桌谈话的幼儿均参与了游戏，他们有着共同的经验，很乐意表达。

在圆桌谈话的初次尝试中，我们将大一统的集体分享转变为灵活的小组分享，给幼儿创造了更多的表达机会。这时的师幼视角是对等的，关系是平等的。教师还通过组织围坐的形式、微笑的表情与平和的语气，营造出轻松而民主的圆桌谈话场域。在这样的氛围中，教师与幼儿一起就游戏现场出现的问题或有益的经验进行分享和讨论，极大提高了幼儿参与的热情，为师幼共话游戏筑就基础。

（二）圆桌话题教研，明晰价值取向

圆桌谈话组织形式的改变，使幼儿变得乐意表达，但同时教师们又提出了新的困惑：什么样的话题是适宜的？如何建立起游戏与圆桌话题之间的连接？对此，我们又开展了"圆桌谈话的话题择选"之专题研讨活动。

"圆桌谈话的话题择选"专题研讨，围绕三个核心问题展开："圆桌谈话的话题由谁来选""什么样的内容可以成为幼儿的中心话题""如何建立谈话与游戏的联结"。研讨后，我们明确了"平等、聚焦、对话"的圆桌谈话理念。在圆桌谈话中，师幼平等，教师与幼儿可以各自选择话题或共同选择话题。从话题发起到互动对话，幼儿全程享有话语权。圆桌谈话的内容选择需要体现出以下两个原则：一是选择能帮助幼儿获得积极游戏体验的内容；二是选择能帮助幼儿构建有益游戏经验的内容。圆桌谈话的目的是基于游戏观察，通过圆桌谈话，帮助幼儿反思游戏过程，聚焦问题，提取经验，进而引发持续学习的动力。

通过不断观察和实践，我们根据幼儿的年龄段和游戏类型，从纷繁多变的游戏现场中获取幼儿游戏中出现的成功或失败的关键节点，筛选有价值的内容，形成圆桌谈话的话题价值研判表。圆桌谈话的话题可集中于一个，也可从一个话题中衍生出新的话题，不断深入，帮助幼儿完成有意义的经验建构。这样，教师开展游戏观察与组织游戏分享时，目标与价值取向就更加聚焦（见表1）。

表1　基于游戏的圆桌谈话话题价值研判表

指向	持续兴趣、计划的目的性与连续性、问题意识与解决能力、交往能力、创造力、游戏技能与情节等	
年段	中班	大班
话题	从多个到1—2个稳定的主题	1个稳定主题
学习品质	持续兴趣、问题意识、计划的目的性 • 是否发现问题并分析原因 • 是否主动尝试以自己的方式进行解决 • 游戏的目的性和持久性	持续兴趣、问题及解决，计划的连续性 • 问题解决是否有创造力 • 是否自信和会合作 • 持续探索的愿望是否强烈

（三）观察团现场教研，梳理一般路径

圆桌谈话预设方案的适宜性需要通过实践来检验。大一班在建构完游戏"公主城堡"后，开展了小组圆桌谈话，园领导、教研组长及骨干教师一起组成观察团，参与圆桌谈话，构建异质对话，形成思维碰撞。

大一班、大二班先根据教研中形成的圆桌谈话思路，结合本班的现场游戏情况开展圆桌谈话。在举行圆桌谈话时，教师们结合 CLASS 量表，化身为观察团成员，承担不同观察的任务与角色：（1）观察教师的语言及组织策略（教师观察员）；（2）观察幼儿的兴趣关注点及语言、思维等能力（幼儿观察员）。结束后，马上召开现场教研会。

其间,观察团注意到在圆桌谈话中,因为有共同的经历游戏,幼儿在谈话时更有共鸣,表现出强烈的参与热情,迸发出精彩智慧,但同时,观察团也发现教师因缺乏推进对话策略而表现出回应不适宜、思考不到位等问题。对此,我们进行分析,对游戏分享的设计及教师指导策略提出建议,逐步完善推进,梳理出圆桌谈话的一般路径(见图 2)。

图 2　圆桌谈话的一般路径

二、基于游戏现场情况,实施温厚的圆桌对话

幼儿游戏中的学习大多通过对话来实现。温厚的圆桌对话体现为,对话不仅需要幼儿高频次的互动和观点的展现来形成思维碰撞,以批判性思维反观游戏,通过个体之间的对话,让个体的零散经验得以梳理与升华,更需要通过温暖的情感关照,让幼儿获得愉快体验与自我效能感,进而生成深度探究和持续学习的内驱力。

(一) 幼儿主体凸显,分享基于其主动思考

作为游戏的主人,幼儿对于游戏更有话语权,他们有能力通过自己的价值判

断,自主确定要分享的内容。因此,我们鼓励幼儿用现场作品、绘画图片、符号表征等作为谈话的凭借物,并依托凭借物辅助分享话题和经验,表达见解与思考。通过依托凭借物,幼儿对于要分享的话题或经验,可以做到心中有所思、表达更流畅。

美工游戏结束后,幼儿们带上了自己的游戏计划与反思,开始自主圆桌谈话。(见图3)。

> 轮到准兮时,准兮指着作品说:"我今天想做的是布艺发夹,我要把棉花塞到布里去。但是这棉花很难塞。"
>
> 果果问:"那后来呢?"
>
> 准兮一边操作手里的发夹,一边回答:"我先用夹子把洞洞两边给夹住,然后把棉花塞进去,塞完再把夹子拿掉,这样我就成功了。"
>
> 教师:"这办法真不错,下次我们也可以试试。"
>
> 准兮看看手中的作品,又看了看图画表征:"我今天还没做完,明天要把洞盖上。"

图3　幼儿们的自主圆桌谈

现场作品、绘画图片、符号表征等谈话凭借物,不仅帮助幼儿回忆游戏的重要信息,再现游戏过程,更能帮助幼儿自主表达思考,调整和重构游戏经验。而其他幼儿在倾听同伴分享的同时,也在反思游戏过程,达到了共享成功经验、提升游戏水平的目的。

（二）分享话题聚焦，对话延展幼儿思维

开放性的问题、针对性的追问等具有推进意义的互动方式，能让幼儿更全面、更深入地认识当前游戏问题的关键。在师幼、幼幼之间的相互引发下，幼儿呈现出丰富多样的解决策略。在这样的对话中，幼儿逐渐建立问题与对策之间的多种联系。

在建构游戏"搭建城堡"后，进入圆桌谈话环节。

> 诗雅："这是我们搭的长城。如果有怪兽，城墙就可以保护我们。"
>
> 六六："城堡还可以拖延敌人的时间。"
>
> 教师："你们还有什么建议吗？"
>
> 泽泽："为什么不搭一个烽火台？烽火台一个接一个地亮起来，就知道敌军来了。"
>
> 六六："可我们不会搭。"
>
> 泽泽："明天我帮你们一起搭吧。"
>
> 教师："还可以增加什么防御呢？"
>
> 六六："加大炮，可以攻击敌人。"
>
> 垚垚："还可以增加弓弩手，让敌人吓破胆子。"
>
> 诗雅："还要有护城河。上面还要有座桥，然后敌人来了把桥收回来。"
>
> 喵喵："这是我搭建的楼梯，从这里走走走，就到城堡上面了。"
>
> 泽泽："但是你的楼梯要有围栏并通到城墙，不然万一有埋伏，楼梯里的人就会死。"
>
> 喵喵："那我明天把它们连起来。"

幼儿能围绕着"如何防御"这一中心话题,主动探寻问题解决方式,在同伴想法思想碰撞的基础上不断提出新的建议。幼儿间的谈话体现了他们主动、坚韧、互助、做事有计划等学习品质。幼儿根据同伴的想法进行回应、质疑、讨论,在一次次的问题解决过程中不断延展思维的广度与深度,持续提升思维的结构性与思辨性。

(三) 关照幼儿情感体验,胜任激发持续学习动力

不同幼儿在认知、情感以及思维方式等方面有个体差异。如部分幼儿比较内敛,虽然在游戏中有愉悦的情绪体验,但怯于分享游戏体验。因此,在圆桌谈话中,我们的游戏分享内容不仅关注认知、技能的提升,更关注情感体验,让不同个性的幼儿均能被关注,从而获得胜任感、满足感与幸福感。

天翊和皮球小朋友在建构区玩轨道积塑,平时性格内向的天翊,今天兴奋地和皮球说:"我们的设计太酷了,对吗?"游戏结束后,圆桌谈话开始了。皮球介绍时,天翊则躲在了皮球的身后,一声不吭。

教师微笑着把目光转向天翊,并搭着天翊的肩膀说:"天翊,我觉得你们搭建的造型特别酷。你能给大家介绍一下吗?"

听到教师的肯定话语,天翊和教师眼神交流后,紧张的情绪有所放松。他快速地跑到建构区拿来一个乐高小人,一边操作,一边介绍道:"我们的是机器人迷宫。小人从楼梯爬上去之后,有个平台,就不会掉下去……"

教师:"你们觉得天翊和皮球的机器人迷宫怎么样?"

安琪:"我觉得造型很特别,看起来很好玩。"

得到伙伴的鼓励,天翊很开心:"我们还要再搭一个太空星球机器人。"

对于不同个性的幼儿，教师因人而异地采用不同的互动方式，关照幼儿的情感体验，帮助幼儿获得自我效能感。这些正向体验会支持他们以更积极努力的态度来参加游戏，由胜任感引发新的学习动力。例子中的天翊平时比较内向，教师关注到他在游戏中的表现与平时截然不同，感受到他愉快的情绪体验，便采用点头、微笑、点赞等支持性行为，鼓励天翊打开心境、展示自我、获得自信。

三、审视游戏分享实践，提取温暖的圆桌经验

幼儿是游戏与学习的主体，是积极主动且有能力的学习者。两年多来，我们基于观察，注重与幼儿共同建构游戏内容，共同总结回顾游戏经验，在游戏中与幼儿一起反思评价游戏。师幼、幼幼之间以平等、聚焦、对话、关爱为底色，形成了共享经验与对话反思的探究群体，积累了圆桌谈话的实践经验。

（一）样态，从教师主导到幼儿主体

基于游戏现场，灵活地开展小组圆桌谈话，这不仅丰富了游戏分享的组织形式，而且增加了幼儿发表想法的机会。尤为重要的是，圆桌谈话让幼儿成为游戏分享的主体，改变了传统游戏分享中教师主导、经验零散、思维浅显等弊端。幼儿可以在游戏的过程中就开始计划要分享的内容，圆桌谈话时通过圆桌谈话分享单、实物作品等谈话凭借物，提出自己的疑问，分享自己的经验，发表自己的见解。因为幼儿参与了相同的游戏小组，他们有着相同的问题情境和相近的情绪体验，所以他们拥有了共同话题，也更容易产生情感共鸣。幼儿不仅善于思考，且乐于表达。教师视幼儿游戏分享与谈话情况适时介入，不再掌控谈话进程。圆桌谈话让游戏分享呈现出了平等轻松、民主开放、温暖的新样态。

(二) 功能,从介绍平台到对话平台

以往的游戏分享,往往是一个幼儿对游戏情况进行介绍,其余幼儿倾听,游戏分享只承载着单向的介绍功能。圆桌谈话将所有幼儿视为游戏与学习的主体,它承载着特殊的功能与价值,即通过师幼、幼幼之间的问询、交流,引发幼儿的自我对话、师幼对话与同伴对话。为了让幼儿的思维更加多元,谈话更加有序高效,在圆桌谈话的实践过程中,幼儿根据实际需要,逐渐增设了主持人、记录员、提问人、自由发言人等角色。圆桌谈话时,幼儿采用角色申领的方式来认领自己的角色。不同角色的幼儿,在谈话中起到不同的作用,承担不同的任务。例如,主持人承担发起圆桌谈话、以话筒这一道具来流转话语权、维持谈话等任务(见图4)。幼儿均拥有平等且自由的话语权,不但可随时发起谈话,还可随时就他人的分享发表质疑,进行询问或提出建议。教师根据幼儿之间的游戏分享与谈话情况,通过适时聚焦问题、引发讨论等方式参与其中。圆桌谈话中,每一个个体都积极地参与,师幼、幼幼之间相互引发思维,温暖民主成就了多方对话(见图5)。

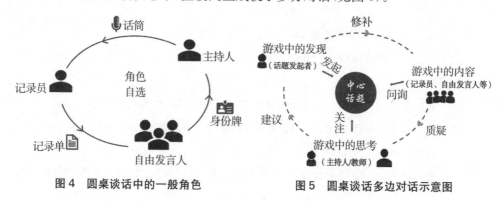

图4　圆桌谈话中的一般角色　　　　　图5　圆桌谈话多边对话示意图

(三) 视角,从学习关注到人文关怀

圆桌谈话不仅关注游戏分享与游戏、学习的有机联系,更关注幼儿作为一个

独立完整的个体在游戏中的情感需求与社会性发展。圆桌谈话倡导的是在平等、民主、开放的氛围中,教师关照每位幼儿的情感体验,通过高频互动、高质对话,让每一次圆桌谈话成为下一次游戏的起点。温暖的情感关照,呵护了幼儿持续探究和学习的兴趣与动力,使幼儿产生了积极的情感态度,表现出较强的主动性和坚持性。

在学前阶段,游戏是幼儿主要的学习方式。经过两年多的圆桌谈话实践,幼儿不仅能自主组织圆桌谈话、分享游戏经验,还能主动地对同伴的分享提出质疑或提供建议。幼儿在深度对话中,不断建立思维联系,不断将已有经验迁移到新游戏中,不断获得积极的情感体验,形成了良性学习循环圈。我们将继续基于幼儿的需求与游戏中出现的新问题,以平等温暖的圆桌谈话精神要义,尊重幼儿的主体地位,引发幼儿的深度思考,关照幼儿的情感与社会性发展,寓教行思,取则行远!

参考文献

[1] 周兢.学前儿童语言学习与发展核心经验[M].南京:南京师范大学出版社,2014:22-32.

[2] 邱学青.学前儿童游戏[M].南京:江苏教育出版社,2008:78-80.

[3] 佐藤学.学习的快乐——走向对话[M].钟启泉,译.北京:教育科学出版社,2004:35-39.

[4] 高杉自子.幼儿教育的原点[M].王小英,译.上海:华东师范大学出版社,2014:48.

[5] 安·S.爱泼斯坦.学前教育中的主动学习精要——认识高宽课程模式[M].霍力岩,郭珺,等,译.北京:教育科学出版社,2012:12-14.

[6] 张海玲.幼儿园谈话活动的现状及有效指导策略[J].教育导刊(下半月),2019(10):21-26.

庞芸芸　浙江省台州市中心幼儿园　幼儿教师　教龄 *23* 年

后记

2022 年，我们启动"温暖的教学"征文活动，想通过这个触动人心的主题，进行一些小火融坚冰的尝试。温暖的教学，意在倡导让"人"回归教学的中心，突出学生主体地位，注重保护学生的好奇心、想象力、求知欲，激发学习兴趣，提高学习能力，使教学过程充满人文关怀，使学生不仅理解知识、掌握技能，还能深刻体会知识的价值与人生的意义，从而愿意学习、喜欢学习。引领教师在这样的主题上进行观点碰撞和实践探索，是我们的初衷。

我们始终坚持认为，"黄浦杯"长三角城市群教育征文不同于一般的征文活动。它由一系列学术策划、实践调研、写作指导等活动组成，以往每年 1—2 月进行主题策划，3—4 月召开动员会，4—5 月进行调研和培训，6—7 月召开评审会，9 月召开总结与颁奖大会。2022 年因为众所周知的原因，惯常的行动变得尤为艰难，一次次网络会议变成一个个研讨现场。3 月初的主题研讨会上，负责理论阐释的大学教授、富含办学经验的校长及承担区域发动和指导任务的各区教科室主任从不同角色和立场对主题作出解读，主办方综合各方观点，在征文启事中澄清了一些概念，介绍了选材范围。之后的动员会和培训会未能以线下方式举办，于是我们以各种变通的方式进行传达和沟通。各级评审则转战线上平台，以电脑和手机为终端完成甄别和确认。总结与颁奖大会延至 11 月举办，以线下与直播相结合的方式，实现了最大规模的见证和分享。

此次征文参赛者逾万人，进入初评的文章近两千篇，经复评和终评，最后评选出 22 篇一等奖、106 篇二等奖、373 篇三等奖。当获奖者载誉而归，我们则踏上再次发现和打磨之旅，遴选 16 篇优秀文章入书，分 4 个章节呈现那些值得回味的教学实践探索。结集的终极目标不止于发现精品，更多的是通过复盘、反思和调整，生成新的理解和智慧，再次在过程中回应主题。坚持问题导向和发展导向，关注实践价值和理论价值，这种追求已经超越了征文本身。

从主题策划到过程指导，引领教师基于实践又跳出实践，以案例研究或行动研究的范式，进行理论联系实际的探索。十几年的"黄浦杯"征文活动，从研究教师成长到研究学生发展，从课外到课内，从德育到课堂，不断触及教育教学改革的重要问题。从这个意义上来说，参加一次"黄浦杯"，其实是经历了一次专项的科研表达训练。

提炼教师有创新的观点、有立场的主张、有效率的做法，通过文本的撰写和打磨，反哺实践，最终促进教师专业发展和学生身心成长，是我们不变的期待。多年来，"黄浦杯"的舞台上走出了众多教育科研骨干，他们在征文中"暴露"自己，不少教师因此而成长为区域科研负责人或一校之长。"黄浦杯"征文活动之所以历时久、底盘大、专业性强、口碑好，是所有长三角普教科研人共同努力、相互成全的结果。

本书在华东师范大学出版社彭呈军老师和白锋宇老师的无条件信任和全方位支持下出版，我们要一如既往地感谢多方单位或个人：黄浦区教育局和黄浦区教育学院，长三角各地教科院（所）长和科研负责人，上海市各区教科室主任，还有那些为主题出谋划策、为动员奔走相告、为提交不厌其烦的支持者和热心人。今年的感谢依然饱含诚意，但这份感谢又多了一丝不同以往的惺惺相惜。

吴宇玉
上海市教育科学研究院普通教育研究所